QUELQUES CONFÉRENCES

SUR

L'AME HUMAINE

PAR

CLODIUS PIAT

Docteur ès lettres
Agrégé de l'Université
Professeur à l'Université catholique de Paris

Données à Versailles sous le patronat de Mgr Gibier

PARIS
LIBRAIRIE FÉLIX ALCAN
108, BOULEVARD SAINT-GERMAIN, 108

QUELQUES CONFÉRENCES

sur

L'AME HUMAINE

L'Intellect actif, Leroux, Paris, 1890.

Quid divini nostris ideis tribuat divus Thomas, Leroux, Paris, 1890.

Historique de la liberté au XIXᵉ siècle, Lethielleux, Paris, 1895. (*Couronné par l'Académie française.*)

Problème de la liberté, Lethielleux, Paris, 1895. (*Couronné par l'Académie française.*)

L'Idée, ou critique du kantisme, *deuxième édition*. Ch. Poussielgue, Paris, 1901.

L'Apologétique de l'Abbé de Broglie, avec héliogravure, 80 pages, in-8° jésus. V. Lecoffre, Paris, 1896.

Socrate. (*Traduit en allemand.*) 1 vol. in-8°, 5 fr. *Deuxième édition.*

Aristote. (*Traduit en allemand et en italien.*) 1 vol. in-8°. *Deuxième édition.*

Platon. (*Couronné par l'Académie française, Prix Bordin.*) 1 vol. in-8°, 7 fr. 50.

La Personne humaine, *Bibliothèque de philosophie contemporaine*, F. Alcan, Paris, 1913. (*Couronné par l'Académie des sciences morales et politiques, Prix Le Dissez.*) *Deuxième édition.*

La Destinée de l'homme, *Bibliothèque de philosophie contemporaine*, F. Alcan, Paris, 1908. (*Traduit en allemand, par Em. Prinz zu Œttingen Spielberg, et en espagnol, par D. G. Carreno.*) *Deuxième édition.*

La Monadologie de Leibniz, précédée d'une étude de la philosophie de Leibniz, V. Lecoffre, Paris, 1900.

La Morale chrétienne et la Moralité en France, brochure de 53 pages, V. Lecoffre, Paris, 1905. (Extrait du *Correspondant.*)

De la croyance en Dieu, *deuxième édition*, F. Alcan, Paris, 1909 (in-12 de 291 p.).

Insuffisance des philosophies de l'intuition, Plon, Paris, et F. Alcan, 1908 (in-8° de 318 p.).

La Morale du bonheur, *Bibliothèque de philosophie contemporaine*, Félix Alcan, Paris, 1910 (in-8°, 263 p.).

Religion et critique, Œuvre posthume de l'Abbé de Broglie, *deuxième édition*, V. Lecoffre, Paris, 1905. (*Traduit en allemand, par Em. Prinz zu Œttingen Spielberg.*)

Questions Bibliques. Œuvre posthume de M. l'Abbé de Broglie, *deuxième édition*. V. Lecoffre, Paris, 1903.

Typographie Firmin-Didot et Cⁱᵉ. — Paris.

QUELQUES CONFÉRENCES

SUR

L'AME HUMAINE

PAR

Clodius PIAT

Docteur ès lettres
Agrégé de l'Université
Professeur à l'Université catholique de Paris

Données à Versailles sous le patronat de Mgr Gibier

PARIS

LIBRAIRIE FÉLIX ALCAN

108, BOULEVARD SAINT-GERMAIN, 108

1914

NIHIL OBSTAT

LEBLANC,

vic. g. de Versailles.

Die 25 Martii 1914.

———————

IMPRIMATUR

Alfred BAUDRILLART,

vic. g. Rect.

Die 27 Martii 1914.

PRÉFACE

Je dois à Mgr Gibier l'honneur d'avoir fait ces conférences. C'est sur son aimable invitation que je les ai données aux habitants de sa ville épiscopale.

Je pensais d'abord qu'elles ne seraient que paroles volantes. Mais mes auditeurs m'ont exprimé à diverses reprises leur désir de les voir imprimées; et j'ai cru devoir céder à ces bienveillantes instances.

Il m'a paru, après réflexion, que ces quelques pages renferment ' un certain nombre d'idées qu'il est bon de faire connaître.

Ces idées sont déjà répandues çà et là

dans mes ouvrages. Mais, ici, je les ai groupées autour d'un seul et même sujet qui est l'âme humaine, dépouillées de toute prétention philosophique et parfois conduites un peu plus avant.

Puissent-elles jeter quelque lumière sur le chaos d'idées où nous vivons!

Clodius PIAT.

TABLE DES MATIÈRES

QUELQUES CONFÉRENCES

SUR

L'AME HUMAINE

PREMIÈRE CONFÉRENCE

LE MOI ET LES DONNÉES
DE LA CONSCIENCE

Je voudrais présenter ici la notion traditionnelle du *moi*, celle que l'on a toujours
fondée jusqu'à nos jours sur les données de la
conscience. Et l'on ne s'étonnera pas, sans
doute, de me voir commencer par le dedans.
Car c'est la partie de nous-mêmes que nous
connaissons de la manière la plus directe; c'est
celle également où nous voyons le plus clair.
Sur ce point de méthode, les vieux psychologues ont sûrement raison.

I

Le fait dont il faut partir, c'est que la pensée, considérée en elle-même, indépendamment des objets qui la terminent, ne se ramène pas au mouvement.

« Remplissez-vous, dit H. Taine, les yeux et la mémoire des préparations anatomiques et des planches micrographiques qui nous montrent [l'appareil du cerveau] : supposez la puissance du microscope indéfiniment augmentée, et le grossissement poussé jusqu'à un million ou milliard de diamètres. Supposez la physiologie adulte et la théorie des mouvements cellulaires aussi avancée que la physique des ondulations éthérées; supposez que l'on sache le mécanisme du mouvement qui, pendant une sensation, se produit dans la substance grise, son circuit de cellule à cellule, ses différences selon qu'il éveille une sensation de son ou une sensation d'odeur, le lien qui le joint aux mouvements calorifiques ou électriques, bien plus encore, la formule mécanique qui représente la masse, la vitesse

et la position de tous les éléments des fibres et
des cellules à un moment quelconque de leur
mouvement. Nous n'aurons encore que du
mouvement; et un mouvement, quel qu'il soit,
rotatoire, ondulatoire, ou tout autre, ne ressemble en rien à la sensation de l'amer, du
jaune, du froid ou de la douleur. Nous ne pouvons convertir aucune des deux conceptions en
l'autre et partant les deux événements semblent
être de qualité absolument différente; en sorte
que l'analyse, au lieu de combler l'intervalle
qui les sépare, semble l'élargir à l'indéfini. »

On ne saurait décrire avec plus de vigueur
et de clarté un fait qui s'impose, dès qu'on
prend la peine de s'observer soi-même en
dehors de toute idée préconçue.

Mais la logique de l'éminent psychologue
n'épuise pas le thème qu'il s'est proposé. Il ne
suffit pas de dire que la pensée *semble* ne
pas avoir de parties; il faut ajouter, pour aller
jusqu'au fond, qu'elle ne peut pas en avoir.
Prise en elle-même, séparément de son con-
tenu, la pensée ne se disloque pas; on ne la
coupe pas en morceaux, comme une bille d'i-
voire : on n'en fait ni des moitiés ni des quarts.
Sans doute, elle peut croître et décroître en

intensité; mais ces degrés de variation n'atteignent jamais sa simplicité native : elle les subit sans se rompre. Diviser une pensée, c'est l'anéantir.

* *
*

Cette indivisibilité ne fait que s'affirmer davantage, quand on vient à considérer le rapport de la pensée avec les représentations qu'elle renferme et qui forment son spectacle.

Tout objet, si simple qu'il soit, offre encore quelques traces de multiplicité : rien n'est absolument un dans la nature; rien n'est absolument un dans l'esprit, pas même le concept d'unité. Car l'unité ne peut être conçue qu'à condition d'enfermer quelque degré d'être : ce qui n'est déjà plus elle. Il y a de la pluralité dans chaque représentation, toute représentation est une synthèse. Et cette synthèse se complique, quand il s'agit de jugements; elle se complique encore, quand nous raisonnons : et cela peut aller loin.

Que devient alors la perception? se multiplie-t-elle avec les éléments qui pénètrent en quelque sorte dans son champ? va-t-elle se

divisant elle-même, au fur et à mesure que ses
phénomènes croissent en nombre? se fait-il
un éparpillement de consciences, proportion-
nel à la quantité des objets qui montent de
l'impensable au soleil de la pensée? C'est une
hypothèse que peuvent soutenir les médecins
qui ne sont que cela, et peut-être aussi les
physiologistes qui n'ont jamais fait que de la
vivisection. Mais quiconque a réfléchi quelques
instants sur la nature de ses propres pensées,
ne pourra guère qu'en sourire. Toute perception, disions-nous, renferme une synthèse
de deux ou plusieurs termes donnés. Mais
supposez que la pensée se compose de parties
dont l'une perçoit le premier terme, l'autre le
second, l'autre le troisième, s'il en existe un;
supposez, comme on le veut, que chaque représentation ait comme un point brillant qui
est sa conscience : chacune de ces consciences ne pourra voir que pour son compte. L'une
ne connaîtra que l'élément A, par exemple;
l'autre que l'élément B, etc. Il n'y aura jamais
ni association, ni jugement, ni déduction : il ne
se fera jamais une synthèse quelconque.

Inutile, par conséquent, de recourir à l'hypothèse des « consciences infinitésimales »; inutile

d'avancer qu'une perception donnée n'est que le *consensus* de perceptions plus petites. Cette théorie ne peut tromper que l'imagination; l'analyse a vite fait d'en discerner l'essentielle lacune. Un *consensus* de perceptions, si intime qu'on le suppose, ce n'est point une pensée qui enveloppe une pluralité d'objets; mais bien une pluralité d'objets dont chacun enveloppe une pensée. La question reste donc tout entière à résoudre, à savoir cette réduction du multiple à l'un qui caractérise tout fait de conscience, si humble qu'il soit.

**

Mais le point où l'indivisibilité de l'esprit s'accuse avec le plus de force, c'est celui précisément où l'on pourrait s'attendre à la voir disparaître : c'est son contraste avec l'infinité des représentations qui se meuvent à chaque instant sous le regard de notre conscience.

Au moment même où je trace ces lignes, je remarque sous mes yeux une multitude d'objets, une table, un encrier, des livres, des papiers épars et, devant moi, un coin de paysage où chantent déjà quelques oiseaux, joyeux précurseurs de la saison des roses. J'entends d'autre part le roulement des voitures qui passent dans la rue, et le murmure, assez semblable au bruit d'un océan, qui me vient de la grande cité. Pendant ce temps, j'agite ma main; et ma plume court sur la feuille blanche, sous l'impulsion de mon vouloir. Pendant ce temps aussi, le plaisir et la douleur, la joie et la tristesse s'entremêlent en mon âme sous mille formes diverses, mobiles et fugaces à l'égal des nuages que le vent charrie dans le ciel.

Or ces états de toute nature, si nombreux qu'ils soient, ne restent pas éparpillés autour de ma pensée comme des grains de poussière que l'on aurait jetés dans le vide. Ce n'est pas assez non plus de dire qu'ils sont liés entre eux; je les enveloppe tous d'un seul et même regard. *Je me sens un sous la multiplicité* des phénomènes que je subis ou produis.

II.

Je suis un sujet qui pense; et, par là même,

je suis un sujet indivisible : tel est le résultat de notre analyse. Et, si d'aucuns continuent à le discuter, c'est, sans doute, qu'ils ne se placent pas au point de vue qui en révèle le sens.

On monte d'abord dans sa tête, on y considère les objets à l'état de désagrégation où l'entendement les a mis. On voit alors d'une part des prédicats qui sont abstraits, de l'autre un sujet qui l'est également; et l'on conclut qu'il n'y a là qu'un amas d'êtres logiques, une collection de phénomènes où la substance n'apparaît nulle part. Procéder ainsi, c'est aller au rebours de la réalité, c'est « renverser l'ordre des choses ». « La connaissance des concrets est antérieure à celle des abstraits » : nous percevons le chaud avant la chaleur, le luisant avant la lumière et le rugueux avant la rugosité. Ce qui nous est donné d'abord, ce sont les objets eux-mêmes dans leur unité physique; les abstractions n'existent que pour et par l'esprit qui a sa manière à lui de diviser l'indivisible. Et, dès lors, le fossé qu'on élève entre la conscience et l'être, se comble comme par enchantement : on se rend compte que, de même que le mouvement

est une chose qui se meut, la pensée est
« une chose qui pense ».

Les empiristes, ces adorateurs du fait, se
battent encore avec des abstractions ; et même
ils s'y pipent.

Kant, il est vrai, nous fait entendre que ce
moi qui se révèle à notre pensée, a son support
et sa cause dans un principe plus profond,
dans une réalité impensable, et que c'est là le
vrai *moi*. Mais qu'importe à la nature de ma
personnalité cette cause nouménale qui se
tient derrière la coulisse? Qu'il y ait ou non,
au delà de ma pensée, un autre *moi* dont le
mien n'est qu'une image réfractée : je n'en
suis pas moins ce que je suis. Les données
mêmes de ma conscience, ces données dont
j'ai l'intuition : voilà ce qui forme la trame de
ma vie intérieure. Ces idées, ces images, ces
émotions, ces désirs et ces desseins dont elles
se composent : voilà le théâtre où je me débats.
Ce sujet indivisible qu'elles contiennent et qui
se manifeste en elles et par elles : voilà ce qui
constitue mon *moi*. Or, tout cela reste intact,
tout cela demeure tel que je le vois, que je le
rattache ou non à une réalité plus riche et plus
profonde. Que mon être plonge ou non ses

racines mystérieuses dans l'abîme de l'inconnaissable, je n'en suis pas moins une réalité vivante, indivisible et consciente. Et, comme l'a bien vu Maine de Biran, c'est là tout ce qu'il faut pour saper à sa base la théorie phénoméniste de la personnalité.

III

Ce sujet simple et qui se saisit lui-même dans sa propre activité, reste-t-il identique sous le flux des phénomènes qui le modifient à chaque instant? ou bien « s'écoule-t-il comme les rivières », suivant la conception d'Héraclite renouvelée de nos jours par H. Bergson?

La question est grave, au point de vue moral. Je me crois invinciblement responsable de mes actions antérieures. Et ce ne serait là qu'une illusion, si mon *moi* n'avait aucune permanence, si j'étais aujourd'hui un autre qu'hier, si je devais être demain un autre qu'aujourd'hui. Car que m'importe à moi-même ce qu'une seconde ou troisième personne, sortie sans moi de mon cerveau, a fait ou pourra faire? Les fautes sont essentiellement individuelles.

On peut répondre d'abord que nos états intérieurs ne se succèdent pas comme des globules que l'on tirerait un à un du fond d'un sac. Par exemple, le groupe actuel de mes faits de conscience n'est pas si compact qu'il doive disparaître tout entier au même instant, pour céder la place à un autre groupe qui, lui aussi, s'évanouira sans laisser de traces. Les séries se succèdent, sans doute, mais pas entièrement; elles s'enchevêtrent et deviennent ainsi plus ou moins simultanées.

Nous éprouvons, il est vrai, des phénomènes qui passent comme un éclair ou n'ont qu'une très courte durée; mais, à côté de ces phénomènes si flottants et si fugitifs, il en est d'autres qui leur survivent très longtemps. Telles sont certaines impressions morales à la fois vives et profondes, certaines pensées qui tiennent aux racines de notre tempérament; tel est surtout le sentiment de la vie organique.

La conscience de ces états fondamentaux : voilà un premier moyen de sortir des limites du présent, de se prolonger soi-même dans le passé; voilà une première façon de constater sur le vif la permanence du *moi*.

Mais ce n'est pas la seule ; ce n'est pas celle
non plus qui a la plus grande portée.

Les phénomènes qui constituent le champ de
notre conscience, n'y demeurent pas toujours.
Ils rentrent dans l'inconnaissable, puis en sor-
tent de nouveau d'après une loi qui est encore
très mystérieuse. Les objets qui nous ont inté-
ressés ou déplu, l'image des personnes que
nous avons rencontrées, les joies et les dou-
leurs qui ont traversé notre existence, remon-
tent parfois du fond de notre être à la lumière de la pensée : nous revivons par le
souvenir la portion de notre vie que nous
avons déjà vécue ; et nous savons qu'elle est
nôtre. Que suppose un tel phénomène ? Non seulement la similitude, mais l'absolue identité
de la conscience, à partir du fait dont on se
souvient jusqu'au souvenir lui-même. Qu'à
mon *moi* de jadis aient succédé dans l'intervalle un ou plusieurs autres *moi,* comme il en
advenait des planches du vaisseau du Pirée ; et
le fait n'a pas d'explication possible. Car se souvenir, c'est revoir. Or, s'il y a succession de
témoins, personne ne revoit : le témoin disparu
ne voit plus ; et le témoin présent ne peut que
voir.

Stuart Mill se démène comme un beau diable, en face de cette conclusion qui porte tout droit contre la base de son système. Mais, à la fin, il faut bien qu'il s'avoue vaincu. « Je crois d'une manière indubitable, dit-il, qu'il y a quelque chose de réel dans ce lien [qui nous rattache au passé], réel comme les sensations elles-mêmes, et qui n'est pas un pur produit des lois de la pensée sans aucun fait qui lui corresponde. » « Nous sommes forcés, ajoute-t-il un peu plus loin en expliquant sa concession, nous sommes forcés de reconnaître que chaque partie de la série est attachée aux autres parties par un lien qui leur est commun à toutes, qui n'est pas la chaîne des sentiments eux-mêmes : et comme ce qui est le même dans le premier et dans le second, dans le second et dans le troisième, dans le troisième et dans le quatrième, et ainsi de suite, doit être le même dans le premier et dans le cinquantième, cet élément commun est un élément permanent. »

L'existence de cet « élément permanent » s'accuse avec une force singulière chez les personnes qui, sous l'influence d'un état physiologique, viennent à perdre toute connaissance d'elles-mêmes.

Un jeune psychologue me racontait un jour comment il avait été le théâtre d'une éclipse totale de ce genre. Les médecins l'endormirent pour l'opérer d'une appendicite; et voici ce qu'il put observer sur la marche de l'anesthésique. La sensibilité physique fut atteinte la première; et si bien qu'à un moment donné, il se possédait encore complètement sans éprouver aucune souffrance. Puis, vint le tour de la pensée qui s'affaiblit par degrés et finit par disparaître tout entière.

Que devient donc notre être psychologique dans de telles conditions? Une réalité qui se peut connaître encore, mais qui ne se connaît plus, un objet en soi, un objet d'ordre purement métaphysique. Non seulement le *moi* n'est pas « un simple agrégat de phénomènes »; mais il peut exister encore, quand cette frange mobile a complètement disparu, et conserver dans le mystère de ses virtualités toute la richesse de sa vie antérieure.

Le sujet qui fait le fond de notre vie, n'est pas seulement indivisible par nature; il reste le même à travers la succession des phénomènes qui l'affectent. C'est un torrent, a-t-on dit, un torrent qui passe à chaque instant pour ne plus revenir; et cette métaphore a fait fortune : on s'en est grisé pendant une certaine période. Rien n'est plus inexact pourtant que cette manière de dire qui flatte l'imagination et la fait rêver. Le torrent, c'est le flux des phénomènes; et le *moi*, la rive immobile qui en dirige le cours.

IV

Les positivistes soutiennent également, pour avoir une doctrine complète, que notre vouloir lui-même, si actif qu'il nous paraisse, ne possède en fait aucune espèce de causalité. Maine de Biran, à leur sens, était pleinement dans l'erreur lorsqu'il présentait l'effort comme le type de l'activité. Au fond, ce phénomène est aussi passif que les autres ; nous ne le produisons pas, nous le subissons : il se réduit à la sensation d'un courant nerveux qui reflue jusqu'à nous. « Quand nous croyons frapper du poing un adversaire, c'est toujours nous en réalité qui sommes frappés par le choc en retour des molécules; c'est le courant nerveux

de nos muscles tendus, qui vient à flots pressés
battre le rivage inerte de la conscience. »

Voilà ce que l'on a dit pendant quelque
temps, voilà ce que l'on a écrit d ns de gros
livres qui ont fait le tour du monde ; voilà aussi
ce que croient encore nombre de gens ; tant il
est vrai qu'il n'y a presque pas d'idée avec laquelle on ne puisse hypnotiser l'opinion.

Or, rien n'est plus manifestement imagi-
naire que cette psychologie sortie des clini-
ques; rien ne s'oppose d'une façon plus vio-
lente à la vie que nous vivons tous au-dedans
de nous.

Eh quoi? Je sens à chaque instant que je me
meus et de moi-même. Il y a dans mon être
physique tout un système de muscles dont j'ai
conscience de disposer à l'état normal et par
un acte que je tire de mon propre fonds. Quand
le trouble s'élève en mon cœur, j'ai le sentiment clair et distinct ou de comprimer la tempête ou de lui donner libre carrière. Je puis,
par une série de fortes décisions, soumettre ma
nature au joug du devoir, ou, par une série de
défaillances, l'asservir peu à peu au désordre.
Je puis faire à la longue que la vertu propage
son influence libératrice jusqu'aux dernières

fibres de mon corps ou qu'au contraire le vice pénètre dans la moelle de mes os. Ma volonté rayonne sans relâche à travers mon organisme et de manière à lui imprimer la marque de sa beauté ou celle de sa laideur.

C'est là ce dont je fais une expérience directe et quotidienne; c'est là ce qu'éprouve tout homme, et dans la mesure même où il se rend mieux compte de ses actes, dans la mesure où il devient plus homme.

Et l'on veut que ce témoignage immédiat et constant ne soit qu'une simple illusion. On veut que je nie ce que je vois en moi-même, sur la parole d'un malade qui ne sait bien d'ordinaire ni ce qu'on lui demande ni ce qu'il répond. On veut que je renonce à ce qui me vient tout droit de ma conscience, au nom d'une méthode essentiellement indirecte, pleine de chances d'erreur, impuissante par elle-même à donner un échantillon quelconque de l'objet que l'on s'y propose de faire connaître. On veut, en somme, que je n'existe pas, uniquement parce que, dès le début et pour plus de commodité, on a formulé le décret tout gratuit que je devais ne pas exister.

Avouons-le nettement : une telle prétention

n'a rien à voir avec l'esprit scientifique; et je
suis porté à croire que nos neveux, si toutefois ils s'en occupent, auront de la peine à lui
trouver une explication d'ordre tout intellec-
tuel.

Je pense; donc je suis. Je me souviens;
donc je demeure identique à moi-même sous
la mobilité des faits. Et parmi ces faits, il en
est que je produis de mon chef; donc je suis
un être libre : il y a, dans la matière que je
traîne avec moi, un principe d'initiative qui
me rend « père de mes actes » et dont l'activité dominante de sa nature peut devenir de
plus en plus dominatrice. Telles sont les données synthétiques et primitives qu'il faut accepter pour point de départ et pour contrôle.
Le vrai progrès est à cette condition ; et l'on
fait fausse route en suivant un autre procédé :
car il ne s'agit pas de changer la nature des
choses, mais seulement de les comprendre.

On a d'ailleurs fini par s'en rendre compte,
tant il est nécessaire que la vérité ait son
heure de reparaître. Depuis quelque temps,

on a rendu à la psychologie son droit de cité; et il se trouve de plus en plus que, sur les points essentiels, les « vieux » ne se trompaient pas.

DEUXIÈME CONFÉRENCE

LES DÉDOUBLEMENTS DU MOI

De la clinique sont sorties un certain nombre de difficultés sur les données de la conscience à l'égard du moi. Il est bon de préciser la valeur de ces objections d'un nouvel ordre.

Il y aurait deux sortes de dédoublements du moi : les uns successifs, les autres simultanés.

On appelle dédoublement successif l'apparition de deux moi qui alternent dans le même sujet et dont tantôt celui-ci, tantôt celui-là remplit toute la scène ou à peu près. On appelle dédoublement simultané l'apparition de deux moi qui coexistent dans le même sujet et dont chacun a sa sphère d'action.

Comme ces deux ordres de phénomènes ont

des caractères très différents, il vaut mieux
en séparer l'examen et les étudier l'un après
l'autre.

I

Je commence par les doublements successifs,
qui sont les plus faciles à résoudre.

Voici d'abord les cas qui me paraissent les
plus typiques; je me tais sur les autres, pour
ne rien dire d'inutile à ma démonstration,
dans un sujet qui pourrait aller à l'infini.

Il se produit des cas où semblent s'évanouir
toutes traces de continuité mentale. Tel est
le dédoublement de conscience qu'éprouvait
l'Américaine de Mac-Nish. « Une jeune dame,
instruite, bien élevée et d'une bonne constitu-
tion, fut prise tout à coup et sans avertisse-
ment préalable d'un sommeil profond, qui se
prolongea plusieurs heures au delà du temps
ordinaire. A son réveil, elle avait oublié tout
ce qu'elle savait; sa mémoire n'avait conservé
aucune notion ni des mots, ni des choses; il
fallut tout lui enseigner de nouveau : ainsi elle
dut rapprendre à lire, à écrire et à compter.

Peu à peu elle se familiarisa avec les personnes et avec les objets, qui étaient pour elle comme si elle les voyait pour la première fois; ses progrès furent rapides.

« Après un temps assez long, plusieurs mois, elle fut, sans cause connue, atteinte d'un sommeil semblable à celui qui avait précédé sa vie nouvelle. A son réveil, elle se trouva exactement dans le même état où elle était avant son premier sommeil; mais elle n'avait aucun souvenir de ce qui s'était passé dans l'intervalle : en un mot, pendant l'état ancien, elle ignorait l'état nouveau. C'est ainsi qu'elle nommait ses deux vies, lesquelles se continuaient isolément et alternativement par le souvenir.

« Pendant plus de quatre ans, cette jeune dame a présenté à peu près périodiquement ces phénomènes. Dans un état ou dans l'autre, elle n'a pas plus de souvenance que deux personnes distinctes n'en ont de leurs natures respectives; par exemple, pendant les périodes d'état ancien, elle possède toutes les connaissances qu'elle a acquises dans son enfance et sa jeunesse; dans son état nouveau, elle ne sait que ce qu'elle a appris depuis son premier

sommeil. Si une personne lui est présentée
dans un de ces états, elle est obligée de l'é-
tudier et de la reconnaître dans les deux, pour
en avoir la notion complète. Et il en est de
même de toutes choses.

« Dans son état ancien, elle a une très belle
écriture, celle qu'elle a toujours eue, tandis
que, dans son état nouveau, son écriture est
mauvaise, gauche, comme enfantine; c'est
qu'elle n'a eu ni le temps ni les moyens de la
perfectionner.

« Cette succession de phénomènes a duré
quatre années, et Mme X... était arrivée à se
tirer très bien d'affaires, sans trop d'embarras,
dans ses rapports avec sa famille. »

Voilà donc un cerveau d'où sortaient alternativement, comme d'une coulisse, deux *moi*
dont l'un a paru ignorer absolument l'autre,
deux *moi* que l'on a tenus pour radicalement
distincts.

L'expérience nous révèle quelque chose de
plus curieux encore : elle nous apprend que
l'apparition d'une conscience nouvelle est
assez souvent accompagnée d'une nouvelle
manière de sentir et d'agir, c'est-à-dire d'un
nouveau caractère. Je rapporte, pour me faire

mieux comprendre, la célèbre histoire de Louis V..., dont les docteurs H. Bourru et P. Burot ont parlé dans les *Variations de personnalité.*

« Né à Paris, rue Jean-Bart, n° 6, le 12 février 1863, de mère hystérique et de père inconnu, Louis V... a passé une partie de son enfance à Luysan, près de Chartres; sa mère le maltraitait, et il était devenu vagabond. Il paraît avoir eu, dès son bas âge, des crises d'hystérie, accusées par des crachements de sang et des paralysies passagères. Le 23 octobre 1871, il est condamné, pour vol domestique, à la détention dans une maison de correction jusqu'à l'âge de dix-huit ans. Il est envoyé à la colonie des Douaires, puis dirigé sur la colonie agricole de Saint-Urbain (Haute-Marne), où il reste du 27 septembre 1873 au 23 mars 1880. Occupé plusieurs années à des travaux agricoles, il reçoit en même temps l'instruction primaire, dont il profite très bien, car il est docile et intelligent. Un jour, pendant qu'il est occupé dans une vigne à ramasser des sarments, une vipère s'enroule autour de son bras gauche sans le mordre. Il eut une frayeur extrême, et le soir, rentré à la colonie,

il perdit connaissance et eut des crises. Les
attaques se renouvelèrent. Il survint enfin
une paralysie des membres inférieurs; l'intelligence restait intacte.

« En mars 1880, il fut transféré à l'asile de
Bonneval (Eure-et-Loir). Là, on constate que
le malade a la physionomie ouverte et sympa-
thique, que son caractère est doux, qu'il se
montre reconnaissant des soins qu'on a pour
lui. Il raconte l'histoire de sa vie, avec les
détails les plus circonstanciés; il s'en prend
à son abandon, à ses camarades qui l'entraî-
naient au mal. Il regrette fort le passé et
affirme qu'à l'avenir il sera plus honnête. Il
sait lire et écrire à peu près. On se décide à
lui apprendre un métier compatible avec sa
paraplégie, son infirmité. On le porte tous les
matins à l'atelier des tailleurs; on l'installe
sur une table, où il prend naturellement la
posture classique, grâce à la position de ses
membres inférieurs paralysés et contracturés.
Au bout de deux mois, V... sait coudre assez
bien; il travaille avec zèle, on est satisfait
de ses progrès. Un jour, il est pris d'une crise
qui dure cinquante heures, à la suite de laquelle il n'est plus paralysé. Au réveil, V...

veut se lever ; il demande ses habits ; il réussit à se vêtir, tout en étant fort maladroit ; puis il fait quelques pas dans la salle ; la paralysie des jambes a disparu.

« Une fois habillé, il demande à aller avec ses camarades aux travaux de culture. On s'aperçoit vite qu'il se croit encore à Saint-Urbain, et qu'il veut reprendre ses occupations habituelles. En effet, il n'a aucun souvenir de sa crise, et il ne reconnaît personne, pas plus le médecin et les infirmiers que ses camarades du dortoir. Il n'admet pas avoir été paralysé et dit qu'on se moque de lui. On pense à un état vésanique passager, très supposable après une forte attaque hystérique ; mais le temps s'écoule et la mémoire ne revient pas. V... se rappelle bien qu'il a été envoyé à Saint-Urbain, il sait que l'autre jour il a eu peur d'un serpent, mais, à partir de ce moment, il y a une lacune. Il ne se rappelle plus rien ; il n'a pas même le sentiment du temps écoulé.

Le caractère s'est aussi modifié. Ce n'est plus le même sujet : il est devenu querelleur, gourmand et il répond impoliment. Il n'aimait pas le vin et donnait le plus souvent sa ration à ses camarades, maintenant il vole la leur. Quand on lui dit qu'il a volé autrefois, mais qu'il ne devrait pas recommencer, il devient arrogant : « S'il a volé, il l'a payé, puisqu'on l'a mis en prison. » Un jour il s'évade, emportant des effets et 60 francs à un infirmier. Il est rattrapé à 5 lieues de Bonneval, au moment où, après avoir vendu ses vêtements pour en acheter d'autres, il s'apprête à prendre le chemin de fer pour Paris. Il ne se laisse pas arrêter facilement; il frappe et mord les gardiens envoyés à sa recherche. Ramené à l'asile, il devient furieux, il crie, se roule à terre. Il faut le mettre en cellule. »

La vie de Louis V... continue avec ses alternances de mémoire et de caractère. Mais l'on en a dès maintenant le trait saillant et il est inutile de poursuivre la citation.

Ce que fait la nature, l'art humain le peut produire. « Endormies et soumises à certaines influences, A... et B..., dit M. Richet, oublient qui elles sont : leur âge, leurs vêtements, leur sexe, leur situation sociale, leur nationalité, le lieu et l'heure où elles vivent, tout cela a disparu. Il ne reste plus dans leur intelligence qu'une seule image, qu'une seule conscience : c'est la conscience et l'image de l'être nouveau qui apparaît dans leur imagination.

« Elles ont perdu la notion de leur ancienne existence. Elles vivent, parlent, pensent absolument comme le type qu'on leur a présenté. Avec quelle prodigieuse intensité de vie se trouvent réalisés ces types! Ceux-là seuls qui ont assisté à ces expériences peuvent le savoir. Une description ne saurait en donner qu'une image bien affaiblie et bien imparfaite.

« Au lieu de concevoir un type, elles le réalisent, l'objectivent. Ce n'est pas à la façon de l'halluciné qui assiste en spectateur à des images se déroulant devant lui; c'est comme un acteur qui, pris de folie, s'imaginerait que le drame qu'il joue est une réalité, non une fiction, et qu'il a été transformé, de corps et d'âme, dans le personnage qu'il est chargé de jouer... »

∗
∗ ∗

Voilà les faits : que faut-il en penser? L'interprétation qu'on s'est hâté d'en fournir, est-elle la seule dont ils soient susceptibles ? Doit-on croire, avec nombre de psychologues,

que la notion traditionnelle de l'unité et de
l'identité du moi s'en trouve ébranlée? Ce
n'est pas du tout mon sentiment. Les nou-
veautés sont facilement piquantes; elles ne
sont pas toujours vraies.

Ma première réplique, c'est que le *moi* de
l'état normal et celui de l'état somnambulique
ne sont pas complètement étrangers l'un l'autre : ils se reconnaissent et comme n'en formant
qu'un seul.

Généralement, l'état somnambulique n'abolit
pas l'état de veille ; il l'englobe. En passant à
l'état de sommeil naturel ou provoqué, le sujet
n'oublie pas d'ordinaire les représentations qui
emplissent alors sa conscience ; il arrive même
qu'il a plus de mémoire qu'à l'état normal.

D'autre part, M. Richet a très justement
observé que le sujet peut, à l'état de veille,
se rappeler quelque chose de son état second :
il lui reste encore comme des ruines de cet
édifice de représentations qui a surgi tout à
coup du fond de son être ; et ces ruines, il
les peut revoir dans une certaine mesure. Il
suffit pour cela *qu'on le mette sur la voie.*
Bien plus, le somnambule, une fois à l'état

de veille, n'a pas seulement la *capacité* d'é-
voquer quelques phénomènes de sa vie somnambulique ; il arrive aussi qu'il en garde l'intuition, au moins un instant, à peu près comme
d'un rêve : c'est ce qu'a prouvé M. *Delbœuf*,
un des grands maîtres de la psychologie clinique. Supposez, remarque M. Delbœuf, que
l'on tire brusquement un somnambule de son
état de sommeil, au moment où il accomplit
un acte commandé ; il peut se rappeler à la fois
et cet acte qu'il était en train d'exécuter et
l'ordre qu'il en avait reçu.

C'est également ce qu'ont observé le plus
souvent et M. Gurney et M. Pierre Janet lui-
même. Et peut-être aurait-on discerné le
même fait de continuité dans le sujet de Mac-
Nish et le fameux Louis V., si comme le dit
finement M. Richet, on les *avait mis sur la voie*.

On peut donc dire qu'au moins d'ordinaire
le somnambulisme n'est pas une *scission de
la conscience*, mais un simple changement
de *représentations*. Dans ce genre de phénomènes, ce n'est pas le *moi* qui se dédouble ;
c'est son spectacle. Ce n'est pas l'auteur qui
se fragmente comme une statue d'argile ; c'est
seulement le décor.

Supposez, d'ailleurs, qu'il se produise des cas parfaits de scission radicale entre le moi normal et l'autre, quelle conclusion peut-on en tirer? Voici un voyageur qui revient d'Italie par le Saint-Gothard; on remonte d'abord par la région si gracieusement accidentée des lacs. On traverse ensuite un long et ténébreux tunnel. Puis, tout à coup, la machine frémissante et fumante vous jette en face des gorges abruptes et sauvages de la Reuss. Imaginez qu'au moment même où se produit ce changement de perspective, le touriste en question vienne à perdre subitement (et le cas est possible) tout souvenir du pays de la Belleza. Quelle raison y a-t-il de penser qu'il est devenu un autre? Tout ce qu'on pourra dire, c'est qu'une partie de son *champ de perception* s'est dissipé tout à coup?

Si l'on dépasse cette limite, c'est qu'on mêle à l'interprétation des faits une hypothèse que l'on veut voir triompher à tout prix, c'est que l'on croit d'avance, et contrairement aux données les plus incontestables de la conscience, que le moi n'est qu'un agrégat de phénomènes, et que par suite, s'il s'y produit une cassure, on a nécessairement deux moi au lieu d'un.

Placez derrière les représentations un sujet simple et identique; et cette explication n'a plus aucun sens : dans ce cas, la scène est changée; mais le spectateur demeure.

II

J'aborde maintenant les cas de dédoublement simultané; et j'y suis le même procédé, qui est d'exposer pour bien juger.

On trouve chez bon nombre d'hystériques, à l'état de veille et en dehors de leurs crises, ce qu'on appelait jadis la *griffe du diable*. Cette griffe infernale est une sorte d'insensibilité aux formes infiniment variables, qui tantôt envahit le corps tout entier et tantôt n'en occupe que la moitié, qui peut même se réduire aux proportions d'une petite plaque de la peau, susceptible d'être piquée et brûlée de la façon la plus énergique sans donner le moindre indice de douleur.

C'est l'étude de cette insensibilité, à la fois mobile et multiforme, qui a révélé les premiers phénomènes de dédoublement simultané.

Pour les produire et les observer, on choisit « une femme hystérique qui présente une insensibilité étendue à un membre tout entier, par exemple au bras droit ». On lui cache la vue de son bras anesthésié, soit en le ramenant en arrière, soit en faisant usage d'un écran. Puis, on procède sans l'endormir, sans la soumettre à aucune autre préparation. C'est sur le sujet à l'état normal que se font les expériences. Or, dans ces conditions, voici les principaux faits qui se manifestent.

Si l'on donne au membre insensible une certaine position, cette position peut persister plus ou moins longtemps. « Chez un de nos sujets, dit M. Binet, le bras droit étendu horizontalement et l'avant-bras légèrement fléchi ont mis une heure vingt minutes à tomber ; ce n'est qu'au bout de ce temps de pose véritablement considérable que le coude qui baissait lentement est arrivé au contact du corps, ce qui a mis fin à l'expérience. Chez une autre femme, le phénomène n'a pu se prolonger jusqu'à la fin. Mais nous avons constaté qu'au bout de trois quarts d'heure, l'extrémité du membre supérieur droit, qui était

étendu horizontalement, avait baissé à peine
de 5 ou 10 centimètres. »

Comment s'expliquer cette persistance des
positions données? Ce n'est pas un fait purement automatique, car alors il suffirait d'é-
lever le bras anesthésié pour qu'il gardât
la même attitude. Mais il n'en est rien. Le
bras insensible ne reste levé que lorsqu'on
le maintient en position pendant une seconde
ou qu'on le serre un peu. Il y a dans le sujet
une intelligence qui devine le désir de l'ex-
périmentateur. Or, cette intelligence ne relève
pas du *moi* normal, qui ne sait rien de ce
qui se passe en son bras; donc c'est ce membre lui-même qui est doué de perspicacité,
qui comprend : il s'y est produit un commencement de personnalité.

Non seulement le bras anesthésié per-
siste dans la position voulue par l'expéri-
mentateur, mais il est à même de répéter
les mouvements qui lui sont imprimés. « Le
bras insensible du sujet, lui étant caché par
un écran, on fait exécuter à ce bras vec len-
teur ou rapidement un mouvement régulier,
comme un mouvement de va-et-vient vers
la bouche, ou bien l'on fait tourner l'avant-

bras autour du coude, ou on anime un doigt
de mouvements alternatifs de flexion et d'extension. Si on abandonne brusquement le
membre au milieu de sa course, on le voit
continuer le mouvement pendant un certain
temps, qui varie avec les sujets : chez les uns,
le mouvement communiqué se prolonge très
peu, le poignet qu'on vient de fléchir plusieurs
fois de suite se redresse à peine quand on
l'abandonne ; le mouvement est si léger et si
fugitif qu'à moins d'en être averti, on ne le re-
marquerait pas. Au contraire, chez d'autres
malades, le mouvement communiqué peut être
répété plusieurs fois de suite, et même nous
avons vu des hystériques chez lesquels la répétition a lieu plus de cent fois sans interruption. Le nombre de cent n'est pas une
métaphore ; les mouvements ont été comp-
tés. »

Un tel phénomène ne contient-il pas comme
une lueur de pensée ? A un mouvement qui
se répète, il faut une cause de cette répétition ; or cette cause n'est pas l'*idée-force*, dont
le propre, dit-on, est de se dépenser en une
fois. Il y a donc quelqu'un, dans le bras anesthésié, qui en dirige l'action.

Mais on a poussé l'investigation encore plus loin. On a cherché si le bras anesthésié d'un sujet hystérique est capable de produire des mouvements adaptés; et la réponse de l'expérience est affirmative. « Dès qu'on met un crayon dans la main insensible, en le glissant entre le pouce et l'index, ces deux doigts se rapprochent pour serrer le crayon, et la main prend l'attitude nécessaire pour écrire. Bien plus, quand il s'agit d'un trait à continuer, c'est-à-dire d'une direction donnée à poursuivre, la main devance en quelque sorte le mouvement, comme si elle le devinait. » Elle procède à la façon « d'un cheval intelligent, qui comprend au moindre signe et dont on n'a plus qu'à modérer l'ardeur ».

« Les deux premiers doigts étant placés dans les anneaux d'une paire de ciseaux, la main reconnaît le ciseau, l'ouvre et le ferme comme si elle cherchait à couper quelque chose. Si l'on met le dynamomètre dans la main d'un sujet qui a l'habitude de se servir de cet instrument, et qu'on rapproche les doigts des branches, la main serre sans en avoir conscience. Elle serre une fois, deux fois, vingt fois de suite et davantage; le propre de ces mouvements d'adaptation est de se continuer très longtemps. »

« Si l'on met une boîte d'allumettes dans la main anesthésique, il se peut que le sujet n'ouvre pas la boîte, ou qu'il se contente de l'ouvrir, n'essayant pas de pousser l'opération plus loin. Il se peut aussi qu'il la prenne soit pour un crayon, soit pour un dynamomètre, et ce sont des erreurs qu'on peut pardonner à un aveugle ; le bras anesthésié n'a qu'une géométrie tactile. Mais il arrive aussi que le membre insensible reconnaît la nature de l'objet et en fait un habile usage. Au bout d'un instant de contact, la main entoure la boîte, la palpe, paraît la reconnaître, pousse en dehors le tiroir qui contient les allumettes, en prend une, la frotte contre les parois de la boîte, l'allume et la tient allumée en l'inclinant un peu ; à mesure que la flamme s'avance, les doigts reculent comme s'ils fuyaient devant la chaleur; et quand la flamme approche à l'extrémité de l'allumette, les doigts se desserrent et l'allumette tombe. Évidemment, tout a été perçu, et la main a même exprimé la crainte d'être brûlée. »

« Si l'on a mis un dynamographe dans la

main insensible, l'instrument est serré à chaque excitation. Si c'est un tambour qui a été placé sur les masses musculaires de l'avant-bras, le sujet fait avec les doigts un mouvement tout différent, mais toujours approprié aux circonstances, montrant ainsi, une fois de plus, que les mouvements inconscients ont le caractère de mouvements d'adaptation. »

Il se produit un phénomène encore plus surprenant, lorsqu'on fait écrire à la main insensible un mot connu, dont on altère volontairement l'orthographe. « Au moment où elle arrive à la lettre inexacte, elle s'arrête, semble hésiter; puis tantôt elle passe outre, reproduisant l'erreur; tantôt, au contraire, elle la corrige et rétablit le mot avec son orthographe exacte. »

La main insensible n'est pas seulement consciente, elle est douée de réflexion. Elle sait, par exemple, interpréter les sensations, ce qui est un indice évident d'intelligence. Lorsque le sujet tient un crayon dans sa main insensible, il suffit souvent de tracer, avec une pointe mousse, des chiffres, des caractères quelconques sur le dos de la main, pour que, bientôt après, le crayon reproduise tout cela : « Les

sensations cutanées sont traduites en leurs
équivalents graphiques. » De même, si l'on
place le sujet hystérique devant une échelle
typographique, à une distance qu'on trouve
par tâtonnements, où l'on ne peut pas lire le
tableau, « il n'est pas rare de voir la main reproduire les caractères que le sujet se dit inca-
pable de déchiffrer ». Ici, ce sont les sensations visuelles qui sont traduites en leurs
équivalents moteurs.

La main insensible peut même écrire des
pensées qui ont une certaine suite :

« Chère Marie, tu vas me trouv. bien né-
gligente ddde de ne pas répp. répondre à ta
bonne ctt et charmmante lettre qui, ttt peux
le cccroire, m'a bien fait rire ; portrait peintt
de main de comme un apprenti de la vie surtout. » L'inconscient bégaye, mais il est doué
d'intelligence.

Les différentes manifestations de l'inconscient qu'on a vues jusqu'ici, tiennent à l'insensibilité locale de certains hystériques. Il en est
d'autres plus concluantes, dit-on, qui ont pour
condition la distraction où ces malades s'absor-
bent assez facilement.

Le premier psychologue qui a tenté ce nouveau mode d'expérimentation, est M. P. Janet.

Il a constaté que la distraction des hystériques a les mêmes effets que l'anesthésie elle-même. « La distraction, dit-il, équivaut, chez les hystériques, à une anesthésie momentanée. »

« Léonie étant bien éveillée, je la laisse causer avec une autre personne; et, pendant un instant où, tout entière à la conversation, elle ne songeait plus à moi, je soulève doucement son bras droit; ce bras reste en l'air, continue le mouvement commencé, etc., se comporte exactement comme faisait tout à l'heure le bras gauche. »

La conséquence de cette assimilation entre l'anesthésie locale et la distraction chez les hystériques, c'est qu'on peut expérimenter dans le second cas comme dans le premier, c'est qu'on peut étudier l'inconscient chez les hystériques à l'état de distraction; et de là une phase nouvelle du problème.

On constate dans l'hystérique distrait un *moi* distinct du *moi* normal, qui peut calculer la durée et faire des multiplications.

Ainsi, je commande à Léonie, dit M. P. Janet,

de lever le bras, non pas immédiatement, mais
quand j'aurai frappé dix fois dans mes mains.
Je frappe dans mes mains et, au dixième coup,
le bras se lève. Tout cela a été pour elle inconnu,
le commandement, le bruit des coups dans mes
mains et l'acte lui-même. Il y a ici évidemment
un phénomène de numération inconsciente.

« Vous allez multiplier 739 par 42, continue
le même psychologue en s'adressant à Lucie.
La main droite écrit régulièrement les chiffres,
fait l'opération et ne s'arrête que lorsque tout
est fini. Pendant tout ce temps, Lucie bien
éveillée, me racontait l'emploi de sa journée,
et ne s'était pas arrêtée une fois de parler pendant que sa main droite calculait correcte-
ment. »

*
* *

Voici maintenant la critique des faits expo-
sés.

Observons d'abord que la plupart des expériences décrites sont de telle nature, qu'on n'a
nul besoin de recourir à une intelligence pour
les expliquer.

Maintenir le bras droit ou gauche dans une

attitude donnée, continuer un certain mouvement d'oscillation, et même produire des mouvements adaptés, comme la grenouille qui se gratte encore quand on lui a coupé la tête : autant de faits qui peuvent s'expliquer par l'habitude ou l'instinct; autant de faits qui peuvent bien n'être qu'automatiques. Et, quand on y regarde de près, on voit qu'ils ne sont que cela.

En premier lieu, ce n'est pas de l'intelligence qu'ils révèlent, mais bien de l'inintelligence. La persistance des attitudes, la répétition des mouvements sont indéfinies. Le sujet s'y acharne sans rime ni raison, sans s'y agacer, d'une manière absolument identique. Évidemment, telle n'est pas la façon dont procède la pensée, si rudimentaire qu'elle soit. Et c'est ce qu'a très finement remarqué M. Binet lui-même. « Faisons, dit-il, tracer une boucle à la main insensible; celle-ci va dessiner cette boucle vingt fois, cent fois et davantage, sans y rien changer, sans se fatiguer, sans perdre patience. » C'est une machine qui ne sait pas s'arrêter.

D'ailleurs, en beaucoup de cas, le bras anesthésié ne comprend manifestement rien. Ce

n'est visiblement qu'un appareil de répétition :
il se comporte comme un phonographe. On a
fait écrire à la main : « toussez » ; le sujet ne
tousse pas; mais sa main écrit plusieurs fois
« toussez ». Pose-t-on une question, toujours
par le même moyen indiqué, la main n'y répond
pas, mais répète la question. « Comment vous
portez-vous ? » La main écrit : « Comment vous
portez-vous ? » Rien n'a été compris.

On peut dire, en outre, que les phénomènes
qui dépassent l'automatisme, ne supposent pas
la présence d'un moi nouveau, mais s'inter-
prètent par le moi normal lui-même. Et cela
se prouve assez facilement, quand il s'agit
d'expériences qui portent sur un membre insensible.

« L'œil droit de Marie étant soigneusement
fermé, elle prétend, comme nous savons, être
dans une obscurité profonde. Sans me préoc-
cuper de ce qu'elle dit, je fais passer plusieurs fois devant son œil gauche un petit
dessin que je retire ensuite. Le dessin repré-
sentait un arbre et un serpent qui grimpait
autour du tronc. Je lui laisse alors ouvrir l'œil
droit et je l'interroge; elle prétend n'avoir

absolument rien vu. Quelques minutes plus
tard, je lui applique sur la tempe gauche une
plaque de fer qui est son métal de prédilec-
tion : des picotements se font sentir dans le
côté gauche de la tête, et l'œil, comme on sait,
reprend pour quelque temps la sensibilité
ordinaire. Je lui demande alors si elle se souvient de ce que je lui ai montré. « Mais oui,
dit-elle, c'est un dessin, un arbre avec un
serpent qui grimpait autour. » Quelques jours
plus tard, je refais l'expérience ainsi : je
montre uniquement à l'œil gauche qui était de
nouveau devenu anesthésique un dessin. C'é-
tait une grande étoile dessinée au crayon bleu.
Puis, quand les deux yeux sont ouverts, je lui
montre une dizaine de petits dessins parmi
lesquels se trouve l'étoile ; elle n'en reconnaît
aucun et prétend les voir tous pour la première fois. J'applique la plaque de fer sur la
tempe, la sensibilité revient, et Marie prend
le papier où est l'étoile bleue et me dit : « Sauf
celui-ci cependant que j'ai déjà vu une fois. » Le
sujet normal se souvient donc des faits qui se
passent dans son membre anesthésique ; mais,
s'il s'en souvient, c'est que sa conscience est
identique à celle qui s'éveille en ce même

membre : il n'y a pas dédoublement, mais
amortissement du *moi* normal.

Alfred Binet a également constaté, à différentes reprises et sous modes divers, cette
intervention subreptice du moi normal.

Le même fait se produit aussi dans les
cas qui supposent distraction, ceux dont la découverte revient à M. P. Janet.

Voici, me semble-t-il, une expérience décisive à cet égard. « M. Binet, dit M. P. Janet,
avait eu l'obligeance de me montrer un des
sujets sur lesquels il étudiait les actes subconscients par anesthésie ; et je lui avais de-
mandé la permission de reproduire sur ce sujet
les suggestions par distraction. Les choses
se passèrent tout à fait selon mon attente :
le sujet (Hab...), bien éveillé, causait avec
M. Binet ; placé derrière lui, je lui faisais, à
son insu, remuer la main, répondre à mes
questions par signes... Tout d'un coup, Hab...
cessa de parler à M. Binet ; et, se tournant
vers moi, les yeux fermés, continua correc-
tement, par la parole consciente, la conversation qu'elle avait commencée avec moi par
des signes subconscients. »

Et cette fois, le voilà bien pincé, le bel

hypocrite; le voilà pris comme un voleur dans
le clos du voisin.

Supposons, d'ailleurs, qu'il y ait réellement
des dédoublements simultanés; les phénomé-
nistes n'en pourront pas encore tirer leur conclusion favorite : cette division radicale de la
conscience, cette sorte de scissiparité du moi,
dont la découverte est le but de leurs efforts,
ne se trouvera pas mieux établie. Il sera
toujours permis de dire qu'il n'y a pas *division du moi normal*, mais *éclosion, à ses
côtés, d'un autre moi* qui vient tout droit des
profondeurs de l'âme, comme le premier, et n'est
pas moins indivisible que lui. Cette réponse
ne deviendra sans doute jamais nécessaire;
mais elle est faisable et dans la métaphysique
de saint Thomas d'Aquin et plus encore dans
celle de Maine de Biran : ce qui suffit à mettre en vue la multiplicité de nos moyens de
défense.

On peut donc encore garder sa confiance
à la vieille Psychologie; on peut encore s'observer utilement en compagnie d'un Montaigne, d'un Pascal, d'un La Rochefoucauld, et

même d'un Racine. Ceux-là ont suivi la méthode qui donne le principal. L'autre, qu'on
appelle extérieure, n'atteindra jamais que des
détails. Ce n'est pas qu'il faille la dédaigner;
elle a déjà rendu de grands services. Mais il
faut marquer ses limites naturelles. « L'État,
c'est moi. » Non, l'État, c'est la France.

TROISIÈME CONFÉRENCE

DE L'INTUITION

Ne raisonnons plus, disent les partisans de la philosophie nouvelle, les raisonnements ne servent à rien. Si rigoureusement que nous puissions lier les éléments dont ils se composent, ce ne sont que de simples formes de la pensée, de pures constructions de notre esprit et qui par là même ne nous apprennent rien sur la nature des choses. Bien plus, ils nous en éloignent toujours davantage à mesure que nous élevons leur pyramide triangulaire. On y chevauche de majeure en majeure, on y monte sans cesse vers l'abstrait : si bien qu'à un moment donné on perd de vue la terre ferme. N'est-ce pas la raison pour laquelle les scolastiques de la décadence sont devenus tout à la fois stériles et ridicules?

Il n'y a qu'un moyen de connaître le réel,
c'est de « sympathiser avec les choses », c'est
de « s'insérer dans les objets », c'est de les
voir du dedans et d'un regard tout virginal,
en mettant de côté l'apparat des concepts
et des syllogismes; il n'y a qu'un moyen de
connaître le réel, c'est de pratiquer l'intuition.

Au commencement, il y avait la matière et,
dans la matière, une pensée qui lui était interne, qui en pénétrait du dedans toutes les profondeurs et tous les contours, qui la saisissait
directement, sur le vif et à fond. Mais au cours
des âges, et l'on ne sait en vertu de quelle loi,
il se fit un dédoublement dans cette conscience
primitive : on vit apparaître l'intelligence,
la faculté qui conçoit, induit et déduit. Ce fut
une déchéance; ce fut vraiment la faute originelle. Une rédemption s'impose; et le secret
de la réaliser, c'est d'abandonner de plus en
plus la méthode syllogistique et de revenir au
mode originel de connaître, qui est l'intuition.
Ce mode est naturel à la connaissance de l'âme
par elle-même, vu que toute psychologie commence nécessairement par la perception im-
médiate. On peut soutenir aussi qu'il est na-

turel à la connaissance des objets extérieurs,
bien que le vulgaire l'entende autrement.

Nous sommes présents à tout ce que nous
connaissons dans la mesure où nous le connaissons ; et il le faut bien. Supposez qu'il n'y
ait aucune communion dynamique entre le
sujet et l'objet, celui-ci nous resterait étranger : il serait pour nous comme s'il n'était
pas. Nous sommes donc présents de quelque
manière aux corps que nous percevons ; et
nous pouvons être présents à ceux que nous
ne percevons pas encore, puisqu'ils font partie
de la nature que nous sommes à même de
connaître. Notre conscience y habite déjà ; elle
y sommeille et ne fait que s'y éveiller. •

Un jour M. Faye causait en chemin de fer
avec l'un des plus profonds penseurs de notre
temps. Il ne tarissait pas sur les merveilles
que l'on découvre dans les profondeurs du ciel
au bout d'un télescope. A un moment donné,
le philosophe répondit : « Comment les voyez-
vous ? » Interloqué par cette demande inat-
tendue, l'astronome resta muet. Et alors le
nouveau Socrate de dire : « C'est que vous
y êtes ! » Voilà le fond de la théorie que
j'expose : puisque nous voyons le monde exté-

rieur, c'est que nous sommes aussi grands que lui, et parce que nous sommes en lui.

L'intuition, voilà le terme magique au nom duquel on prétend discréditer les opérations de l'entendement, et sous prétexte que l'abstrait ne garde plus rien de la richesse du réel, Y a-t-il quelque fondement à cette manière de voir? Est-il donc si facile de bannir du domaine de la pensée ce que l'on a toujours regardé jusqu'à nous comme sa partie essentielle et la plus élevée?

I

Lorsqu'on visite la bibliothèque du Palais-Bourbon, on y voit une fresque de Delacroix où sont représentés deux personnages : Orphée d'un côté, Attila de l'autre. Qu'est-ce qu'ils expriment? Le premier, la paix, toute la paix, et le second, la guerre avec toutes ses violences et ses horreurs : ce sont deux concepts et dont l'œuvre entière n'est qu'une sorte d'incarnation. Où l'artiste les a-t-il trouvés, si l'intuition n'est qu'une perception sensible, si

elle ne renferme pas subrepticement quelque
autre élément plus riche et plus élevé, si elle
n'implique pas un pouvoir de produire de l'abstrait? Dans ce cas, leur apparition ne trouve
d'explication nulle part; et par suite l'art nous
devient à jamais impossible : nous en sommes
tout aussi incapables que les Troglodytes.

Un jour Newton voit tomber une pomme
des branches d'un pommier; et voilà que sa
pensée se met en branle : il se demande s'il
n'y a pas quelque chose de pareil dans la loi
qui fait tomber la lune vers la terre, la terre
vers le soleil et tous les astres autour de leur
centre respectif de gravitation. Quelle puissance d'induction, et quelle merveilleuse théorie de concepts!

Mais, encore une fois, d'où est-ce que jaillissent ces idées, si l'intuition n'est qu'une
pure perception sensible? Nous avons dit tout
à l'heure que, dans ce cas, l'art devient impossible. Il faut ajouter maintenant que la science
l'est aussi et au même titre.

D'aucuns protesteront peut-être contre cette
manière de raisonner. Mais alors, que ces
gens-là déclarent nettement ce qu'ils veulent

nous faire entendre ; qu'ils s'expliquent enfin,
et non à l'aide de métaphores fuyantes, mais
comme le demande Pascal, en définissant les
termes. Qu'ils nous disent en quoi l'intuition
diffère de la sensation pure, lorsqu'on en a
banni le pouvoir de saisir l'abstrait.

II

On vante la finesse d'esprit, la sûreté de
vue, le talent de divination que possèdent les
spécialistes dans la pratique de leur spécialité ;
et toutes ces merveilles, c'est encore à l'intuition qu'on les attribue : l'intuition est une
nouvelle Pandore qui, sans le savoir, porte
avec elle tous les biens.

Mais j'insiste à nouveau sur ma question :
je demande derechef ce que signifie au juste
ce terme-là.

Le sens historique, le goût littéraire, l'art
de gouverner les hommes et le génie des
affaires, la stratégie et la nautique : autant
de dons qui supposent une somme incalculable
de réflexions, d'inductions et de déductions ;
autant de dons qui ne sont en définitive que
des résidus de concepts éteints.

Le fait se révèle sans peine dans la manière dont se forment l'historien et le critique. Que de lectures patiemment méditées, que d'analyses et de synthèses, que de raisonnements ne leur a-t-il pas fallu, à l'un pour apprendre à juger de la valeur de ses documents, à l'autre pour sentir avec justesse une page de littérature ou de poésie! Le même fait se révèle aussi dans un phénomène très familier aux navigateurs. Un vapeur approche du rivage. On aperçoit à l'horizon une ligne d'une couleur spéciale. Les passagers ignorent ce qu'elle peut être : les uns disent que c'est un mirage à la surface de l'eau et les autres tout simplement que c'est un nuage. Le pilote sourit; il sait, lui, ce dont il tourne : c'est la côte, s'écrie-t-il. A quoi tient sa supériorité? Encore à tout un ensemble d'expériences patiemment élaborées par le raisonnement.

C'est également par ce concours subreptice de l'intelligence que s'expliquent ces riches floraisons de génies qu'on appelle les grands siècles. Tous ils supposent une série incalculable de tâtonnements toujours plus heureux, d'observations sans cesse précisées et contrô-

lées par la réflexion. Cimabué a préparé l'apparition de Raphaël et Parménide celle de Platon.

Oui, l'intuition fait des merveilles; mais
lorsqu'on essaye de l'expliquer, on y trouve la
raison. C'est la raison qui l'aiguise, qui la
dirige, qui la discipline, qui l'ajuste dans la
force.

*
* *

D'ailleurs, que sont les données de l'intuition par elles-mêmes? Que sont ces illumina-
tions subites, ces fulgurations de la pensée
dont on parle avec tant d'admiration? Des perceptions sourdes, ce que Leibniz appelait des
idées confuses, rien de plus. Elles ne constituent encore que des anticipations de la vérité,
de simples hypothèses, tout au plus des pré-
somptions; elles ne donnent pas la certitude.
Pour la faire jaillir, il faut qu'elles s'explicitent,
qu'elles mettent à découvert tous leurs éléments, qu'elles s'étalent en pleine lumière; et
ce labeur complexe ne peut être que l'œuvre
de la raison. Donnons des exemples, afin de
faire mieux comprendre cette idée.

S'agit-il de phénomènes physiques? La raison doit intervenir pour organiser les expériences, éloigner les conditions défavorables, garder celles qui conviennent au cas et les coordonner entre elles. Quelle ingéniosité n'a-t-il pas fallu à Pascal, pour trouver le meilleur agencement de ses tubes!

La raison doit intervenir pour déduire les corollaires de l'hypothèse démontrée. Regardez, par exemple, ce que signifient les expériences de Pasteur. Que donnent-elles en somme? Elles nous montrent simplement qu'une portion de matière putrescible, une fois mise à l'abri du contact de l'air, n'engendre plus. Mais quelle est l'action positive de l'air? Qu'est-ce qui fait que l'air, une fois absent, la putréfaction ne s'opère pas? De plus, est-il démontré, par le succès immédiat de l'expérience, que le vivant ne vient que du vivant? Autant de matières à déduction et même à désunion.

Il arrive même, et très souvent, que la raison doit intervenir pour aboutir jusqu'à la conclusion demandée par hypothèse elle-même. Revenons à Pascal : que démontrent ses expériences sur la pesanteur de l'air? Directe-

ment, elles ne signifient qu'une chose, à savoir
que, si la colonne de mercure monte, ce n'est
pas parce que la nature a horreur du vide :
la thèse du Père Noël est par terre. Mais
pour atteindre à celle de Pascal, d'après laquelle la pesanteur de l'air est la cause du
phénomène, il faut un certain raisonnement
qu'on appelle *ab excluso* et qui est le suivant :
le phénomène ne vient pas de l'horreur du
vide ; donc il ne peut tenir qu'à la pesanteur
de l'air.

Bien plus, lorsqu'il s'agit de phénomènes
intérieurs, de phénomènes où l'expérience sensible n'a plus aucune prise, la raison est seule à
nous élever de l'implicite à l'explicite, seule à
pouvoir faire la pleine lumière.

C'est ce qui se révèle tout particulièrement
dans les phénomènes mystiques, comme Féne-
lon l'a bien vu. « Il faut, dit-il, user dans
ces phénomènes d'une précaution infinie pour
ne pas être trompé. » Pourquoi? C'est que
l'expérience du divin ne se justifie qu'à l'aide
d'une interprétation doctrinale. Pour expliquer un phénomène mystique, il faut de rigueur passer du fait à sa cause; il faut dé-
montrer qu'il ne peut s'expliquer autrement

que par la présence active de Dieu lui-même.
Or il n'y a pas de raisonnement à la fois plus
délicat et plus complexe. Ainsi l'ont entendu
MM. Boutroux et Höffding, après les mystiques du XVIIe siècle; et l'on n'aperçoit nul
moyen d'échapper à leur manière de voir.

III

L'intuition et la raison collaborent sans
cesse; et le fait est nécessaire : il tient à l'essence même de notre esprit.

Quand je suis en présence d'une réalité concrète, ma curiosité s'éveille d'elle-même : je
me demande ce que c'est, je cherche à m'en
faire une notion plus claire, je veux la comprendre. Pour y réussir, je la décompose en
qualités, je la partage en éléments divers. Or
ces éléments, au fur et à mesure qu'ils appa-
raissent, acquièrent un caractère tout nouveau : de particuliers qu'ils étaient, ils deviennent universels. Ils échappent aux limites
de l'être réel et borné qui les contenait et
deviennent immédiatement applicables à d'autres êtres. Ils se dégagent des conditions du

temps et du lieu et passent comme dans une
région différente, où le changement est inconnu.

« Considérez, par exemple, la forme d'une
orange. Qu'est-elle, avant l'abstraction? Un
des points de vue de cet orange, un élément
idéal indissolublement uni à l'orange elle-
même et n'existant qu'en elle. Après l'abstraction, qu'est-ce? L'idée d'une forme ronde,
c'est-à-dire une idée générale applicable non
seulement à une infinité d'autres oranges,
mais à une infinité d'objets de toute espèce
de matière. Avant l'abstraction, la forme de
l'orange était sujette à toutes les modifications
que l'orange elle-même pouvait subir. Elle
pouvait être détruite comme l'orange et avec
l'orange; elle existait en un certain temps
et en un certain lieu. Après l'abstraction,
l'idée de la forme ronde est devenue quelque
chose d'immuable qui n'a plus de rapport avec
aucune époque ni aucun lieu déterminé. »

L'esprit divise donc de quelque manière
tout ce qu'il touche et le marque du même
coup au double coin de l'universalité et de la
nécessité : il fait des individus une hiérarchie
de concepts. Ce qui est tout à la fois la plus

familière, la plus surprenante et la plus fé-
conde de ses merveilles.

IV

Bref, et, pour résumer cette longue analyse, c'est dans la raison que l'intuition trouve
son principe moteur, son principe d'éducation
et son principe de contrôle. De plus, vu la
nature de notre esprit, il ne saurait en aller
différemment. Le concept commence avec l'intuition et l'accompagne sur tout son parcours;
où se trouve le second de ces termes, se trouve
également le premier. Impossible à nous de
rien percevoir qui ne se traduise sous mode
abstrait, dont nous n'ayons du même coup
une certaine notion d'ordre logique.

Dès lors, on voit nettement le rôle qui revient
à l'un et à l'autre de ces deux facteurs de notre
connaissance.

L'intuition donne les faits; c'est à la raison
de les comprendre, de les interpréter et par
des procédés qui lui sont propres. L'intuition
fournit la matière; mais cette matière, c'est
la raison qui l'élabore, c'est la raison qui la

rend intelligible; par là même, c'est la raison qui la rend universelle et nécessaire, c'est la raison qui en fait une science.

Aux partisans de la philosophie nouvelle revient le mérite d'avoir mis l'accent sur l'intuition, et au moment où nombre de penseurs n'en tenaient plus un compte assez rigoureux; mais ce mode initial de connaître, ils ne l'ont compris que d'une manière superficielle, et l'on pourrait même dire grossière. Égarés par leur dédain de l'abstrait, ils n'ont pas vu que l'intuition chez nous enveloppe le passage du réel au logique, du fait au possible, du relatif à l'infini. Et pourtant, le pouvoir de faire ce saut dans l'absolu : Voilà ce qui constitue à la fois toute l'excellence et toute la force de la pensée humaine.

Dépouillés de leur vêtement de parade, les partisans de la philosophie nouvelle ne sont encore que des empiristes à l'anglaise.

QUATRIÈME CONFÉRENCE

VALEUR DE LA RAISON HUMAINE

Jusqu'à nos jours, nous avions cru que notre esprit est fait pour connaître la nature des choses et que, par suite, il la peut connaître dans une certaine mesure. Kant est venu nous dire qu'il en va tout différemment : d'après sa doctrine, chacun de nous est emprisonné dans sa pensée plus solidement encore que Polyphème dans sa caverne ; quelque effort que nous fassions pour « sauter dans l'au-delà », nous ne saisissons toujours que nos propres représentations.

Nous percevons le monde extérieur à travers la forme de l'espace et celle du temps, nous le percevons à la manière d'une personne qui a la jaunisse et qui ne voit que du jaune ; ou, si l'on veut une autre comparaison, nous le percevons à la manière d'un homme qui aurait pris une lunette bleue et qui verrait toutes choses sous cette couleur. De plus, ces deux écrans ne nous quittent jamais; ils font partie de notre nature, ils sont constitutifs.

D'après l'expérience vulgaire, ce sont les objets eux-mêmes auxquels appartiennent les qualités sensibles. Ce sont les fleurs, par exemple, qui répandent des parfums; ce sont les forêts qui frémissent sous le souffle du vent; c'est la mer qui retentit contre les falaises; c'est le soleil qui lance à travers l'espace infini ces rayons lumineux qui propagent partout la vie et la joie. Autant d'illusions que la réflexion a définitivement dissipées. Il ne se produit de parfums que dans nos nerfs olfactifs; il n'y a de lumière et de couleurs que dans notre rétine, et d'harmonie que dans notre tympan. C'est nous qui créons la nature, et en la connaissant : nous ouvrons les yeux et les splendeurs du ciel existent; nous les fermons et elles ne sont plus. Qu'y a-t-il donc en dehors de nous? Pas même les atomes silencieux dont parlait Démocrite, pas même l'étendue grise et monotone des géomètres qu'a soutenue Descartes. Il n'y a qu'un principe absolument dépourvu de toute qualité et de tout mode, un je ne sais quoi d'entièrement indéterminé, que Platon appelait la matière et dont Bossuet a dit qu'il « n'a aucun nom dans aucune langue ».

Il en va de l'entendement comme de la sensibilité. Lui aussi a sa manière de voir, lui aussi a ses formes innées ; et c'est à travers leur voile déformateur qu'il conçoit tout ce qu'il conçoit. Les données de l'expérience ne contiennent jamais que des successions invariables, elles ne donnent jamais que des vérités de fait. Par là même, dès que nous sommes en présence de vérités de droit, c'est-à-dire de vérités où le sujet et le prédicat soutiennent un rapport absolu, il faut recourir à l'entendement pour expliquer ce point de soudure. Et le rôle de cette puissance hégémonique ne se borne pas à le voir ; c'est de son propre fonds qu'elle le tire ; elle le produit tout entier. La nécessité, voilà l'unique levier de la dialectique humaine. Or il ne tient qu'à la structure de notre pensée ; les choses n'y sont pour rien.

Inutile, par conséquent, de nous demander ce que c'est que la matière, ce que c'est que l'âme, ce que c'est que Dieu, et même s'il existe. Ce sont là des problèmes que nous

nous poserons toujours en vertu des aspirations de notre volonté, mais que nous ne résou-
drons jamais; car ils dépassent essentiellement les frontières de la raison. Si bien et si
haut que nous échafaudions nos syllogismes,
il ne sont toujours que de simples constructions de notre esprit; par suite, ils n'ont de
valeur que pour nous.

Voilà l'erreur capitale de notre siècle. Il a
fallu quarante ans d'efforts concertés pour l'ac-
créditer dans les esprits. La France y a tra-
vaillé d'abord, puis la Suisse et l'Allemagne;
au bout d'un certain nombre d'années, le succès
a été immense et l'on peut dire qu'un jour le
monde se leva kantien. A l'heure actuelle,
l'étoile de cette doctrine a baissé à l'horizon;
mais elle a laissé dans les esprits une habitude profonde de voir, une sorte de déses-
pérance où les volontés perdent de leur énergie
et qui est essentiellement périlleuse pour nos
croyances. Qu'est-ce d'ailleurs que le moder-
nisme philosophique, si sévèrement et si justement condamné par Pie X? sinon une irradiation du kantisme dans le dogme chrétien.
C'est la remarque que me faisait un jour l'un
des plus profonds penseurs de notre temps :

« Enfin, disait-il, le cyclone de Kant a incliné les épis du Seigneur. »

Il est donc nécessaire, je ne dis pas de réfuter Kant : il ne faut réfuter personne; on ne fait par là que fragmenter les principes dont il s'agit de montrer la valeur. Il est nécessaire de rétablir, à la lumière de la psychologie, la solution du problème que Kant a si profondément creusé.

I

Un point que personne n'a jamais mis en doute, c'est la règle fondamentale de la méthode cartésienne, à savoir qu'on peut suivre l'évidence. C'est là notre point de départ.

Si loin qu'on pousse le domaine du relativisme, on ne peut tout y comprendre; il reste toujours une barrière à laquelle il faut s'arrêter : ce sont les phénomènes du moi.

Supposons que nos représentations mentales n'aient ni prototype ni fondement dans les choses, qu'elles ne nous révèlent la réalité d'aucun au-delà. Supposons même que nos représentations mentales contiennent toujours deux pièces d'origine diverse : l'une qui vient du sujet pensant, l'autre de la matière pensée. Imaginons pour un instant que nous ne puissions que nous apparaître. Il ne reste pas moins vrai qu'il se produit un moment où l'acte de la connaissance se dédouble en deux termes bien distincts : ce qui perçoit, et ce qui est perçu. Il se produit toujours un dernier site d'où la conscience ne mêle plus ses formes à ce qu'elle voit et par conséquent le voit tel qu'il est. En fin de compte, la parole de Bossuet reprend sa justesse : « Ce ne sont pas nos connaissances qui font les objets, elles les supposent. » Ainsi, considéré à sa dernière étape et en lui-même, c'est-à-dire indépendamment de tout objet auquel il se rapporte, le phénomène est un absolu.

Voilà le premier fait. Et il en entraîne tout de suite un autre.

Nous constatons, en nous-mêmes, un certain ensemble d'idées dont la connexion nous apparaît comme nécessaire. Telles sont celles qui constituent la logique et celles qui constituent la géométrie. C'est donc que cette connexion existe telle qu'elle nous apparaît; c'est que ce lien ne saurait manquer. Et ce second fait, Kant l'a reconnu tout aussi bien que Leibniz.

II

Mais qu'est-ce que ce lien des vérités nécessaires? Vient-il de la pensée ou des choses que nous pensons? Là se trouve le point vif du problème. Dans le premier cas, comme la pensée peut changer, la vérité qui dépend de sa structure peut changer également : elle est relative. Par suite, on peut concevoir, comme le dit quelque part Stuart Mill, un monde où les principes de causalité et d'identité ne compteraient pour rien. Dans le second cas, la vérité est un rapport qui ne dépend que des objets ; et, par conséquent, elle reste immuable : la dogmatique traditionnelle reparaît. La tâche est donc de choisir ; car il est impossible ici de « prendre les deux à la fois », comme les enfants dont parle Platon. Mais pour savoir à quoi s'en tenir, il suffit encore d'examiner la question à la lumière des données immédiates de la conscience.

*
* *

Comment déduit-on sur le domaine du nécessaire? Comment y passe-t-on d'un terme présent à d'autres termes qui ne le sont pas encore? Sur quoi se fonde ce progrès si familier à notre esprit? C'est que chaque idée déjà connue porte en elle-même une marque spéciale en vertu de laquelle elle en appelle d'autres; c'est que chaque idée déjà connue présente une insuffisance essentielle à s'expliquer toute seule; c'est que chaque idée déjà connue contient une exigence radicale qui fait qu'elle ne peut être sans que d'autres choses ne soient. Voyez, par exemple, comment on procède dans l'analyse du triangle. On ne possède au premier abord que l'idée de l'intersection de trois lignes. Cette idée une fois donnée, on en conclut que le triangle renferme une certaine partie d'espace, qu'il contient trois angles, que ces trois angles sont égaux à deux droits, etc... Pourquoi cette théorie de corollaires? C'est que chaque vérité qui précède ne peut être que la suivante ne soit. L'insuffisance essentielle : voilà le nerf de toute déduction.

Si l'on n'y tourne pas sur place comme un derviche, si l'on y passe sans cesse du même à l'autre, c'est par le même. Otez cette condition : nous sommes tous condamnés à dire comme le prophète Jérémie : « Ah! ah! »; et à la différence du prophète, nous le sommes pour toujours. Notre sort est celui du logicien dont parle Locke, qui était réduit à dire : une huître est une huître, etc... Ce qui sans doute doit être pour l'esprit un aliment fort peu substantiel.

De là, trois conclusions libératrices :

1° Le lien logique ne vient pas de la pensée, mais des objets que l'on pense;

2° Le lien logique est une insuffisance essentielle qui se révèle dans le premier terme de la proposition examinée et qui nous permet de conclure l'autre;

3° L'insuffisance essentielle vaut également, qu'il s'agisse du dedans ou du dehors, qu'il soit question de passer de phénomènes à phénomènes ou des phénomènes au delà; car il suffit qu'elle soit donnée pour que sa conséquence soit aussi.

III

Dès lors, il faut de toute rigueur revenir à l'idée dominante de la tradition philosophique. Il faut reconnaître la valeur métaphysique de l'esprit humain.

D'abord, du moment que la nécessité tient à la nature des objets que nous concevons, non à la nature de l'acte par lequel nous les concevons, il est démontré que la suite des propositions qui portent cette marque ne peut subir ni suppression ni changement. Soit une vérité nécessaire quelconque : dès que son sujet est posé, son prédicat l'est aussi. Il l'est en vertu d'une exigence essentielle. Il ne peut pas ne pas l'être. Et cette condition lui suffit : elle dépend de son premier terme et rien que de là. Par suite, elle ne varie ni avec le temps ni avec l'espace où elle est conçue, ni même, n'en déplaise à Kant, avec l'esprit qui la conçoit. Elle est essentiellement nécessaire et de ce chef essentiellement universelle.

C'est là un point que Bossuet a bien mis en lumière dans son magnifique *Traité de la connaissance de Dieu et de soi-même*.

« Pour entendre la nature et les propriétés
des choses que je connais, par exemple, ou
d'un triangle ou d'un carré, ou d'un cercle,
ou les proportions de ces figures et de toutes
autres figures entre elles, je n'ai pas besoin
de savoir qu'il y en ait de telles dans la nature,
et je suis assuré de n'en avoir jamais tracé ni
vu de parfaites. Je n'ai pas besoin non plus
de songer qu'il y ait quelques mouvements
dans le monde pour entendre la nature du
mouvement même, ou celle des lignes que
chaque mouvement décrit, les suites de ce
mouvement et les proportions selon lesquelles
il augmente ou diminue dans les graves et
les choses jetées. Dès que l'idée de ces choses
s'est une fois réveillée dans mon esprit, je
connais que, soit qu'elles soient ou ne soient
pas actuellement, c'est ainsi qu'elles doivent
être, et qu'il est impossible qu'elles soient
d'une autre nature ou se fassent d'une autre
façon... Toutes ces vérités, et toutes celles que
j'en déduis par un raisonnement certain, subsistent indépendamment de tous les temps : en
quelque temps que je mette un entendement
humain, il les connaîtra; mais en les connaissant, il les trouvera vérités; il ne les fera pas

telles, car ce ne sont pas nos connaissances qui font leurs objets, elles les supposent. Ainsi ces vérités subsistent devant tous les siècles, et devant qu'il y ait eu un entendement humain : et quand tout ce qui se fait par les règles des proportions, c'est-à-dire tout ce que je vois dans la nature, serait détruit, excepté moi, ces règles se conserveraient dans ma pensée ; et je verrais clairement qu'elles seraient toujours bonnes et toujours véritables, quand moi-même je serais détruit, et quand il n'y aurait personne qui fût capable de les comprendre. »

La valeur logique de la raison est absolue, et sa valeur réelle l'est également.

Le mouvement existe et de plus le mouvement se développe dans l'ordre ; d'autre part, nous avons tous une certaine connaissance de l'intelligible : voilà trois faits dominants. Or chacun d'eux porte une marque d'insuffisance essentielle en vertu de laquelle il appelle autre chose.

Le mouvement existe, et à chaque instant il est un commencement. Or tout commencement est impuissant à s'expliquer tout seul ; et, par suite, tout commencement suppose une cause efficiente.

L'ordre existe, et il est contingent. Donc il est impuissant à s'expliquer par la cause efficiente toute seule ; il y faut ajouter l'action de la cause finale, c'est-à-dire de l'intelligence.

Les intelligibles sont immuables ; donc ils dépassent tout devenir : il faut de quelque manière remonter jusqu'à Dieu pour en trouver le dernier fondement. C'est ce qu'a vu Leibniz. Mais sa façon d'interpréter la chose ne paraît pas logique de tous points. Il veut que les possibles soient comme des accidents qui trouvent en Dieu leur dernier sujet d'inhérence. Pourquoi donc, puisqu'ils ne sont pas éternels d'emprunt, mais par eux-mêmes ? La vraie solution, c'est que les intelligibles, considérés dans leur principe ultime, sont eux-mêmes l'acte plein du possible, acte éternel et premier dont la nature n'est, comme le disait Platon, que l'imparfaite et mobile image.

Voilà donc la porte largement ouverte à cette matrone si longtemps couverte de mépris, qu'on appelle la métaphysique. Toujours in-

visiblement présente chez ceux qui travail-
laient à la bannir, elle a fini par faire reconnaître son éternelle autorité. Nous avons un
moyen d'atteindre ce qui n'est pas donné et
même ce qui ne peut l'être. Nous avons un
moyen d'acquérir des connaissances vraies sur
ce qui ne tombe pas dans le domaine de l'intuition. Grâce à ces marques d'insuffisance
essentielle que présentent les phénomènes,
nous pouvons tirer des conclusions dont la
portée dépasse leurs frontières. L'au-delà ne
nous est pas fermé.

Océan sans borne, a-t-on dit naguère, océan
qui vient sans cesse battre à nos portes, mais
pour lequel nous n'avons ni barques ni voiles!
Cette métaphore ne vaut plus que pour ceux
qui laissent encore planer l'équivoque sur la
nature de notre esprit. Nous avons une bar-
que, c'est la raison; nous avons des voiles, ce
sont les exigences essentielles des choses; et
ces voiles, souples comme la vie, sont plus
« fortes que le diamant ».

CINQUIÈME CONFÉRENCE

SOMMES-NOUS LIBRES?

Chacun de nous se sent libre. Le sommes-nous par là même? N'y aurait-il pas quelque illusion secrète dans ce témoignage de la conscience? C'est là le problème que je voudrais résoudre aujourd'hui; il est central, vu le sujet de nos conférences.

I

« Toute personne, dit Bayle dans la *Réponse aux questions d'un provincial*, toute personne qui examinera bien les choses connaîtra évidemment que, si nous n'étions qu'un sujet passif à l'égard de la volonté, nous aurions les mêmes sentiments d'expérience que nous avons lorsque nous croyons être

libres... Car soit que l'acte de vouloir nous
soit imprimé par une cause extérieure, soit
que nous le produisions nous-mêmes, il sera
également vrai que nous voulons; et comme
cette cause extérieure peut mêler autant de
plaisir qu'elle veut dans la volition qu'elle
nous imprime, nous pourrons sentir quelquefois que les actes de notre volonté nous plai-
sent infiniment, et qu'ils nous mènent selon la
pente de nos plus fortes inclinations. Nous ne
sentirons point de contrainte. Vous savez la
maxime : *voluntas non potest cogi*. Ne com-
prenez-vous pas clairement qu'une girouette
à qui l'on imprimerait, toujours tout à la fois
le mouvement vers un certain point de l'horizon, et l'envie de se tourner de ce côté-là,
serait persuadée qu'elle se mouvrait d'elle-
même pour exécuter les désirs qu'elle forme-
rait? Je suppose qu'elle ne saurait point qu'il
y eût des vents, ni qu'une cause extérieure
fît changer tout à la fois, et sa situation, et
ses désirs. Nous voilà naturellement cet état :
nous ne savons point si une cause invisible
nous fait passer successivement d'une pensée
à une autre. »

Leibniz qui cite ces paroles admet aussi le

sentiment qu'elles expriment. A son gré, le
sens intime n'établit pas l'existence de la
liberté; il prouve seulement que nous y
croyons. Et cette croyance peut être fausse;
car elle n'enveloppe toujours qu'une partie
des causes qui concourent à produire nos
déterminations. Au-dessous de la partie éclai-
rée de la conscience, il y a l'abîme de l'inconscient; et c'est de là peut-être que vient
toujours et à notre insu le mobile vainqueur,
celui qui décide de tout.

Je m'inscris contre cette manière de voir
pour me ranger à l'avis de Bossuet : « Que
chacun de nous s'écoute et se consulte soi-
même; il sentira qu'il est libre, comme il
sentira qu'il est raisonnable. »

*
* *

La liberté est un fait; et ce fait, plus on le
nie, plus il faut l'affirmer, car la vérité a le
droit de légitime défense. Ma liberté n'est
pas une idée, ce n'est pas un abstrait; j'en ai
la perception vivante et concrète : je la saisis
dans ses actes. Je me sens libre dans mes
volitions comme je me sens existant. Lorsque

je fais effort pour soulever un poids, lorsque
je me décide dans une affaire grave, lorsque
je m'applique à la recherche d'un problème et
que je le tourne et retourne en tous sens,
lorsque je prends le parti du devoir contre la
passion, j'ai la conscience vive et claire, non
de subir une poussée qui me vient du dehors;
mais de produire un acte qui ne vient que de
moi, de poser un commencement absolu.

La preuve que je ne suis pas déterminé,
c'est que je me détermine moi-même.

Sans doute, il y a dans le fond de ma nature
une foule de mobiles plus ou moins ina-
perçus qui me tirent de derrière la coulisse.
L'inconscient travaille avec moi-même et sous
toutes les formes. Le legs physiologique et
mental que m'ont laissé mes parents, l'autorité des traditions, les multiples influences
du milieu climatérique et social, cette em-
preinte personnelle et indélébile qui forme
mon caractère, le réseau d'habitudes dans
lequel je me suis enserré par l'exercice ul-
térieur de mon activité : autant de forces
emmagasinées et plus ou moins identifiées
avec moi-même qui m'inclinent tantôt dans un
sens, tantôt dans un autre, ou par leur propre

poids, ou par les motifs trompeurs qu'elles inspirent.

Mais une preuve certaine que ces énergies sourdes ne produisent pas mes actes, c'est que je les produis et par un effort dont j'ai l'initiative. Je m'appréhende comme une cause qui ne dépend que d'elle-même et qui par suite fait rupture de continuité avec la chaîne des antécédents et des conséquents.

Ma liberté m'est révélée tout droit, aussi bien que la pensée, l'existence et le mouvement. C'est un de ces faits primitifs que l'on peut montrer, mais qui ne se démontrent pas, parce que, suivant l'expression de Pascal, « ils sont supérieurs à la démonstration et n'en ont pas besoin ». Par suite, c'est un fait dont on n'ébranle pas l'originelle autorité. Si un système de philosophie quelconque se heurte à cette pierre angulaire, on n'a qu'à le changer ; c'est qu'il est mal fait.

★
* *

Supposons pour un moment que notre liberté soit illusoire, c'est encore un fait dont il faut rendre compte. Et comment ai-je pu, si je

suis toujours et totalement nécessité, me per-
suader à la longue que je suis libre? Je com-
prends encore, même dans ce cas, que j'aie
réussi à me faire une certaine notion de la
liberté; car il suffit à notre esprit de penser
une chose pour être à même de penser le contraire : par exemple, il me suffit d'avoir l'idée
d'un cercle pour avoir celle d'un carré. Par
suite, celui qui connaît la nécessité peut aussi
se faire un certain concept de la liberté. Mais
le point vif de la question n'est pas là. Il s'agit
de savoir comment je suis parvenu à m'approprier l'idée de liberté, à l'intégrer dans mes
facultés naturelles, à la considérer comme
un élément constitutif de mon être, si je n'ai
pu ni la voir quelque part en moi-même, ni
conclure légitimement qu'elle est mienne? Or,
la chose ne s'explique pas : imaginez que je sois
toujours et totalement nécessité, il est impossible que je cesse à un moment donné de me
tenir pour tel. L'illusion de la liberté suppose
la liberté elle-même ; et l'objection se change
en preuve.

C'est ce qu'a très bien remarqué M. Hamelin
dans son livre sur les *Éléments de la représentation*.

« Comment, dans un monde où rien n'é-
chappe à la causalité, un agrégat de causes
pourra-t-il s'attribuer la spontanéité? Sans
doute pour Spinoza le problème est aisé : la
spontanéité que l'agrégat s'attribuera sera illusoire et il se croira spontané par le seul fait de
ne pas voir les causes extérieures dont il dépend. Mais pourquoi donc le fait d'ignorer sa
dépendance sera-t-il changé par une conscience finie, alors qu'il est négatif, dans le fait
positif d'être indépendante?... si la poussée causale qui détermine l'individu à s'affirmer n'en
épouse pas les limites, si elle ne forme pas
avec les déterminations particulières de l'individu un système, c'est-à-dire si [cette poussée causale] n'est pas indépendante à l'égard
du dehors, la conscience de l'individu ne l'ac-
ceptera pas comme intérieure et l'illusion de
la spontanéité ne naîtra pas... une nécessité
tout illusoire requiert la finalité et s'appuie
sur elle. »

II

D'où vient donc que Leibniz, ainsi d'ailleurs
que Spinoza, se sont si gravement mépris sur

la portée du sens intime ? C'est qu'ils n'en ont eu qu'une notion incomplète.

Ils ont cru, comme l'indique le passage cité au début, que nous éprouvons le même sentiment soit que nous soyons mûs du dedans au dehors ou du dehors au dedans, soit que nous produisions un acte ou le subissions, soit que nous agissions nous-mêmes ou soyons agis. Ils ont cru que nous n'avons pas le discernement intérieur du sens dans lequel se développe notre activité, que nous ne distinguons pas si elle va du centre à la périphérie, ou de la périphérie au centre, si, comme on le dit aujourd'hui, elle est efférente ou afférente.

Or cette manière de voir est inexacte, et parce qu'elle est superficielle. Je n'ai pas la même impression à produire une poussée dans la foule qu'à la recevoir d'un autre ; je n'ai pas la même impression lorsque je tire une charrette et lorsque je suis entraîné par son poids. Autre est la conscience d'une initiative et autre celle d'une impulsion reçue. Le fait est clair ; il s'impose dès qu'on y fait attention.

Une autre cause de la méprise où Leibniz

est tombé, c'est la fausse idée du libre arbitre qui dominait autour de lui. D'après la plupart des théologiens de son siècle, voici comment se présentait le problème de la liberté : un mobile quelconque de la volonté n'agit sur elle qu'autant qu'il produit un plaisir ou délectation. Il y a deux sortes d'attraits ; celui de la grâce et celui de la nature. Tels sont les deux rivaux qui interviennent dans toutes nos batailles intérieures; et c'est toujours le plus fort qui l'emporte et le plus faible qui a le dessous.

Remarquez, en effet, comment s'exprime Pascal à cet égard : « L'homme, dit-il, est maintenant esclave de la délectation; ce qui le délecte davantage l'attire infailliblement : ce qui est un principe si clair, et dans le sens commun, et dans saint Augustin, qu'on ne peut le nier sans renoncer à l'un et à l'autre. Car qu'y a-t-il de plus clair que cette proposition, que l'on fait toujours ce qui délecte le plus, puisque ce n'est autre chose que de dire que l'on fait toujours ce qui plaît le mieux, c'est-à-dire que l'on veut toujours ce qui plaît, c'est-à-dire que l'on veut toujours ce que l'on veut, et que dans l'état où est aujourd'hui notre âme réduite, il est inconcevable qu'elle veuille autre chose que ce qu'il lui plaît de vouloir, c'est-à-dire ce qui la délecte le plus. Et qu'on ne prétende pas subtiliser en disant que la volonté, pour marquer sa puissance, choisira quelquefois ce qui lui plaît le moins; car alors il lui plaira davantage de marquer sa puissance, que de vouloir le bien qu'elle quitte; de sorte que quand elle s'efforce de fuir ce qui lui plaît, ce n'est que pour faire ce qui lui plaît : étant impossible qu'elle veuille autre chose que ce qu'il lui plaît de vouloir. Et c'est ce qui a fait établir à saint Augustin cette maxime, pour fondement de la manière dont la volonté agit : *Quod amplius delectat, secundum id operemur necesse est.* »

Ainsi pensait Port-Royal tout entier; ainsi pensaient également d'une manière plus ou moins implicite la plupart des théologiens thomistes; et telle était l'opinion de Leibniz lui-même. « A la vérité, dit-il, nous voulons toujours ce qui nous plaît. »

Cette interprétation des faits constitue une erreur de fond. La preuve que le plaisir, de quelqu'ordre qu'il soit, n'est pas l'unique mobile de la volonté, c'est que très souvent,

nous sommes obligés de nous décider nous-
mêmes en l'absence et même à l'encontre de
cet « accident pathologique ».

Dès que le devoir m'apparaît, je conçois sa
valeur souveraine; et par là même je com-
prends qu'il ne souffre pas de préférence. « Il
faut » : telle est la voix qui descend du Sinaï
intérieur. Et, quoique ma sensibilité pût en
souffrir, quand même il s'agirait d'abandonner
mes intérêts les plus graves, de renoncer à mes
affections les plus nobles et les plus douces,
quand même il s'agirait de sacrifier ma propre vie, cet impératif ne perdrait rien de son
autorité : il resterait également absolu. Il y a
donc une action directe de la loi morale sur
la volonté, une action qui ne passe pas par le
cœur, qui lui est étrangère de tous points
et même peut lui devenir contraire : au delà
des attraits, il y a le mobile du devoir qui
s'impose dès qu'on le connaît, et d'une manière
inconditionnelle. Et voilà ce qui nous élève au-
dessus des frontières de l'individu, voilà ce
qui nous rend dignes d'être « membres de la
cité de Dieu », voilà ce qui fait notre grandeur
morale.

C'est l'idée que Kant a mise en lumière

dans sa *Critique de la Raison pratique;*
et n'eût-il développé que cette grande pensée,
il mériterait de ce chef de rester immortel.
Mais elle était connue bien avant lui : on la
trouve, dans la première moitié du xvıı⁰ siècle,
sous la plume de saint François de Sales.
Écoutez en effet la manière dont il s'exprime
dans son *Traité de l'Amour de Dieu* : « Théo-
time, l'âme est quelques fois tellement pressée
d'afflictions intérieures, que toutes ses facultés
et puissances en sont accablées, par la priva-
tion de tout ce qui la peut alléger, par l'appréhension et impression de tout ce qui la
peut attrister... il ne lui reste plus que la
fine suprême pointe de l'esprit, laquelle attachée au cœur, et bon plaisir de Dieu, dit par
un très simple acquiescement : O père éternel,
mais toutes fois ma volonté ne soit pas faite,
ains la vostre... » Or qu'est ce que cet acquiescement qui « n'est n'y tendre n'y doux »,
« qui semble retiré au fin bout de l'esprit,
comme dans le donjon de la forteresse où il
demeure, quoy que tout le reste soit pris, et
pressé de tristesse » ? Qu'est ce que ce libre
effort d'une volonté qui se soutient d'elle-même
quand disparaît tout autre secours ? Il n'indi-

que pas un moindre amour de Dieu, comme on pourrait le croire; « il en constitue au contraire la véritable essence » : il nous le révèle à l'état pur, dégagé de tout ce qui n'est pas lui.

D'ailleurs, saint François n'invente rien; en formulant ces belles paroles, il ne fait que traduire l'idée fondamentale des Évangiles. « Celui qui aime son père ou sa mère plus que moi, n'est pas digne de moi; celui qui aime son fils ou sa fille plus que moi, n'est pas digne de moi. » Que traduisent ces paroles, en apparence si austères, sinon l'amour absolu du devoir pour le devoir, cet amour qui ne tient plus aucun compte des protestations de l'émotivité? Que traduisent ces paroles, sinon l'impératif catégorique, considéré du point de vue religieux? Ne sont-elles pas comme la formule théologique de la moralité?

III

La preuve du sens intime est inébranlable, et sa lumière se communique aux deux autres preuves psychologiques du libre arbitre: celle

qui se fonde sur le sentiment de pouvoir agir
autrement, et celle qui s'étaie sur l'idée du
devoir.

« Je sens, dit Bossuet, que levant ma main,
je puis ou vouloir la tenir immobile, ou vouloir lui donner du mouvement, et que me ré-
solvant à la mouvoir, je puis ou la mouvoir
à droite ou à gauche avec une égale facilité.
Raisonner ainsi, c'est rester à l'épiderme du
problème. » Stuart Mil l'a remarqué, et il a
raison sur ce point contre l'immortel évêque.
Comme l'a bien vu saint Thomas d'Aquin, la
conscience ne révèle que des faits : elle dit
ce qui est, et non ce qui sera ; elle « n'est pas
prophétique ». Sans doute, l'une quelconque
de mes déterminations, au moment où je la
prends, enveloppe un pouvoir sans lequel
elle n'existerait pas et qui la traduit dans une
certaine mesure ; mais la conscience ne nous
dit point si ce pouvoir doit survivre à son
effet ; et, par là même, elle ne ne nous dit
point si nous le trouverons encore à notre
service quand nous voudrons agir derechef. Cette question déborde les données
immédiates de la pensée, elle suppose un
raisonnement ; et voici quel il est : Je saisis

d'abord ma liberté dans ses actes ; puis j'infère
que, ma nature restant la même, ce pouvoir
demeure aussi, et que donc je le trouverai
encore à ma disposition quand viendra l'occasion d'agir de nouveau. La preuve qui se fonde
sur le sentiment de pouvoir agir autrement,
dérive du sens intime : c'est là qu'elle prend
toute sa force.

Celle qui vient de l'idée du devoir est plus
indépendante ; mais elle ne l'est pas totalement
non plus. « Tu dois, donc tu peux » ; tu es
obligé, donc tu es libre : rien de plus juste, et
c'est sur cette corrélation que se fonde la
morale tout entière. Personne n'ose dire que
la pierre a le devoir de tomber ni que le
soleil a le devoir de se lever ou de se coucher
à l'horizon. Si l'arbre ne porte pas son fruit,
le jardinier peut en être affecté; il ne lui vient
pas à l'esprit d'éclater en reproches. Lorsqu'un chien manque au service qu'on attend
de lui, son maître peut le châtier; mais il ne
songe pas à le traiter en coupable. L'idée de
devoir n'apparaît dans la conscience qu'avec le
sentiment de cette faculté d'un ordre à part, en
vertu de laquelle nous disposons de notre énergie et qui nous constitue pères de nos actes·

La preuve tirée de l'idée du devoir vaut par elle-même. Mais la liberté n'y apparaît que comme le terme d'une inférence : on la conclut, on ne la voit pas. Le sens intime nous révèle, dans sa réalité vivante, cette reine de la vie morale qui n'était encore qu'un concept.

Le Verrier avait déduit de ses calculs l'existence de sa fameuse planète. D'autres vinrent après lui, qui la découvrirent au bout de leur télescope. Et ce fut un triomphe, parce que ce fut la pleine certitude de la vision. Il y a quelque chose de pareil dans le rapport du sens intime et de l'idée du devoir : il donne le fait, lorsqu'on n'avait encore qu'une conclusion.

SIXIÈME CONFÉRENCE

LIBERTÉ ET DÉTERMINISME

La liberté est un fait d'expérience intime ; mais, si direct et si certain que soit ce fait, il faut encore l'expliquer. Et là se dresse un certain nombre d'obstacles, d'autant plus impressionnants que les adversaires du libre arbitre n'ont pas manqué de les mettre dans leur meilleur jour.

Il y a trois difficultés principales. Exposons-les d'abord, afin de mieux faire voir par où elles se démontent ou se surmontent.

I

La première, c'est que le concept de liberté semble impliquer une contradiction. Ou bien

il existe un lien nécessaire entre les volitions
et la volonté elle-même, ou non. Dans la
première hypothèse, il n'y a pas d'énergie qui
se détermine de son chef, il n'y a pas de liberté : et la chose est claire. Dans la seconde
hypothèse, comment la volonté demeure-t-elle
encore capable de se déterminer? Les motifs
une fois connus et jugés, le choix n'est pas
fait du même coup; et c'est à elle de le faire.
Comment peut-elle y parvenir? Concevoir une
chose qui passe par elle-même de la puissance à l'acte, de l'indétermination à la détermination, n'est-ce pas concevoir un effet
qui n'a pas de cause? N'est-ce pas nier la
raison ?

« Vouloir, dit Leibniz, qu'une détermination vienne d'une indifférence absolument indé-
terminée, est vouloir qu'elle vienne naturellement de rien. L'on suppose que Dieu ne
donne pas cette détermination : elle n'a donc
point de source dans l'âme, ni dans le corps,
ni dans les circonstances, puisque tout est
supposé indéterminé; et la voilà pourtant qui
paraît et qui existe... c'est non seulement sortir de rien, mais même c'est en sortir par soi-

même. Cette doctrine introduit quelque chose
d'aussi ridicule que la déclinaison des atomes
d'Épicure. »

La seconde difficulté, c'est que le concept
du libre arbitre serait en conflit avec la fixité
des lois scientifiques. J'institue encore un di-
lemme pour l'établir. Ou bien la liberté trouve
en dehors d'elle-même la cause totale de ses
actes, ou non. Dans le premier cas, elle n'agit
pas, elle est entièrement agie, absolument né-
cessitée, au même titre qu'une poulie en mouvement. On peut en dire ce que Brutus disait
de la vertu : « Elle n'est qu'un nom. » Dans
le second cas, elle devient cause au moins
partielle de ses actes ; par suite, elle est une
des conditions requises pour qu'ils aient lieu ;
par suite également, ces actes sont des effets
qui dépendent d'elle. Et voilà le hasard, voilà
le caprice qui pénètre à nouveau dans le monde ;
car il faut appeler de ce nom toute cause dont
le propre est de n'être assujettie à aucune loi,
qui, l'ordre une fois connu, peut s'en écarter
comme elle veut, au lieu de se soumettre à son
joug. Dès lors, la constance du cours de la
nature n'a plus aucune garantie ; tout y de-

vient faisable, comme dans un monde de fées.
La science est impossible; et, du même coup,
le progrès et même la vie le sont également.
Car, que faire sur le globe, si la suite des
événements n'avait plus aucune régularité, si
l'on ne pouvait plus rien prévoir du tout, pas
même que la terre ne va pas dans un instant
s'effondrer sous nos pas?

Reste encore une difficulté, qui se rattache
à la troisième antinomie kantienne. Et voici
le sens qu'elle a pris dans la suite, principale-
ment sous l'influence des positivistes. Tout
fait donné suppose comme antécédent un autre
fait, qui en suppose lui-même un autre au
même titre, ainsi de suite à l'infini. Si loin que
l'on remonte à travers la série des âges écou-
lés, supposez qu'on aille jusqu'à la première
apparition des protozoaires et au delà, la même
exigence revient toujours : chaque fait demande une cause qui en demande encore une
autre. La série régressive des phénomènes n'a
pas de borne; et parce qu'elle n'en peut avoir.
Dès lors, que devient donc la liberté? où
trouve-t-elle place, cette prétendue reine du
devenir? Tout, d'un bout à l'autre, est déjà

rempli par le travail implacable de l'éternelle
nécessité.

II

De quelle tempête nous sommes battus, aurait dit Platon? Ne surgira-t-il pas un dauphin pour nous prendre sur son dos et nous
ramener au rivage? Ayons plus de confiance
en nos propres forces; et, sans attendre le mi-
racle du dauphin, essayons de nous sauver
nous-mêmes.

Les difficultés que l'on a vues se fondent
toutes sur une analyse incomplète de la notion
de liberté; et c'est ce que je me propose de
mettre en lumière.

* *

Sans doute, lorsqu'il s'agit de causes brutes,
comme une pile électrique ou la force de la vapeur, il faut bien que, les conditions requises
une fois données, elles se déterminent, et
qu'elles ne puissent pas se déterminer autrement. Mais telle n'est pas la nature de la
liberté. Elle forme un monde à part relative-

ment aux êtres purement matériels, et même relativement aux simples animaux. La liberté est une activité qui connaît et se connaît, qui perçoit les choses et s'aperçoit elle-même, c'est une activité « qui se sait » pour employer l'heureuse expression de Leibniz, *conscia sui*.

Par conséquent, il ne s'agit plus de savoir si une chose en général peut se déterminer toute seule; le point vif consiste à chercher si ce pouvoir mystérieux n'est pas le propre de l'activité consciente. Et, dès lors, la nuit devient moins épaisse et l'aube blanchit à l'horizon.

Que faut-il pour qu'une cause qui se sait elle-même et qui par suite devient juge de ses propres états, que faut-il pour qu'une telle cause puisse produire un commencement? Une seule condition : c'est qu'elle enveloppe dans son être un fond de spontanéité. Or il n'y a rien dans la nature, rien dans l'expérience, rien dans la science, rien dans la métaphysique qui nous oblige à croire que cette condition n'est pas donnée. On a même le droit de conclure qu'elle l'est; car le principe est général, comme on l'a déjà vu dans l'une des conférences précédentes : un fait une fois établi,

l'on en peut tirer légitimement toutes les conséquences que sa nature exige.

— Nous ne comprenons pas, répondent les
déterministes, et donc nous gardons nos positions. Mais raisonner ainsi, c'est faire de son
propre savoir la frontière de l'être ; et rien n'est
plus audacieusement gratuit. Voyez comment
J.-J. Rousseau, dans son *Émile*, a mis en relief
ce vice de logique : le trait est d'autant plus
digne de remarque que le caractère distinctif
du psychologue de Genève ne consiste pas précisément dans la justesse. « Supposons, dit-il,
un sourd qui nie l'existence des sons, parce
qu'ils n'ont jamais frappé son oreille. Je mets
sous ses yeux un instrument à corde dont je fais
sonner l'unisson par un autre instrument caché ;
le sourd voit frémir la corde ; je lui dis : c'est le
son qui fait cela. Point du tout, répond-il : la
cause du frémissement de la corde est en elle-
même ; c'est une qualité commune à tous les
corps de frémir ainsi. Montrez-moi donc,
reprends-je, ce frémissement dans les autres
corps, ou du moins sa cause dans cette corde.
Je ne puis, réplique le sourd. Mais parce que
je ne conçois pas comment frémit cette corde,
pourquoi faut-il que j'aille expliquer cela par

vos sons? C'est expliquer un fait obscur par une cause encore plus obscure. Ou rendez-moi vos sons sensibles, ou je dis qu'ils n'existent pas. »

Ceux qui tiennent l'acte libre pour impossible sont des sourds en métaphysique.

— Nous ne comprenons pas; donc nous gardons nos positions.

Mais qu'ils nous disent donc, ces fiers adorateurs de la raison, s'ils comprennent ce que c'est qu'une idée, ce que c'est qu'une image, ce que c'est qu'une sensation, ce que c'est qu'un mouvement. Qu'ils nous disent s'ils comprennent en quoi consiste la possibilité de la pensée elle-même, ce soleil qui pour nous éclaire tout le reste. Toute pensée est double, puisqu'elle enveloppe un acte qui perçoit et une chose perçue; d'autre part, toute pensée est triple, puisque ces deux termes se ramènent nécessairement à l'identité d'un même sujet. Or je ne sache pas qu'un mortel ait jamais expliqué cette trinité de la terre.

Bien plus, et pour revenir au centre de la question, en quoi consiste donc ce couple causal dont on a fait le type unique et le levier de toute la science naturelle? Voici le foyer d'un

maréchal ; il est chargé de charbon et traversé
d'une barre de fer. On fait partir une étin-
celle, le charbon brûle et le fer rougit. Les
déterministes ont-ils mieux compris que les
autres ce qui rend possible le passage du
combustible à l'état de combustion, ce que
c'est que la combustion elle-même et la manière dont elle produit son effet qui est de rou-
gir le fer ? Il y a là trois faits qui nous sont
donnés, dont nous avons l'intuition, mais qui
demeurent résolument réfractaires aux prises
de l'intelligence.

Le mystère est notre grand familier. Il le
devient d'autant plus que l'on réfléchit davantage. C'est par excellence le familier du philosophe. Le mystère est partout, au commencement, à la fin et au milieu de la connaissance
humaine ; car, si le lien logique est connu
comme une exigence essentielle des choses,
le fond ne nous en demeure pas moins inac-
cessible : il ressemble à la nuée des Hébreux ;
il est lumière d'un côté et ténèbres de l'autre.
Il faut accepter le mystère, ou bien rester la
bouche close, comme cet homme que Louis
Mercier nous représente dans son *Lazare le
Ressuscité,* dont la multitude innombrable des

morts attendait l'oracle de la délivrance et
qui avait les lèvres cousues.

*
* *

La raison pour laquelle on a nié la possibilité du libre arbitre, est que l'on identifie la
causalité brute et la causalité consciente, la
causalité physique et la causalité morale,
deux choses qui pourtant diffèrent l'une de
l'autre comme le cercle et le carré.

D'autre part, si l'on a vu dans le libre arbitre une source de caprice, c'est que l'on n'a
pas discerné ce qui fait sa loi fondamentale.

La liberté est amie de l'ordre, comme la
raison dont elle constitue l'activité. Plus elle
s'élève au-dessus de la tourbe des passions,
plus elle domine l'anarchie des instincts, plus
elle se délivre de tout ce qui n'est pas elle-
même; plus aussi et du même coup, elle
devient régulière, plus ses manifestations sont
conformes à l'ordre.

Supposez un esprit pur et qui par ailleurs
n'ait aucun penchant désordonné d'espèce in-
tellectuelle, sa volonté ira toujours tout droit
au bien, comme la flèche d'Apollon à son but.

Et, cela, sans rien perdre de sa liberté : elle restera libre, puisqu'elle continue à se connaître,
par suite à se posséder et d'autant mieux; elle
restera libre sans écarts, car il n'y a pas de
raison pour qu'elle résiste à son élan naturel.

La liberté, considérée indépendamment de
tout mobile étranger à sa nature, c'est l'in-
défectible et libre amour du bien.

C'est ce que Quételet remarquait très finement dès l'année 1848 : « Quant au libre arbitre, dit-il, bien loin de jeter des perturba-
tions dans la série des phénomènes, il les
empêche au contraire, en ce sens qu'il res-
serre les limites entre lesquelles se manifestent les variations de nos différents penchants.
L'énergie avec laquelle notre libre arbitre
tend à paralyser l'effet des causes acciden-
telles, est en quelque sorte en rapport avec
l'énergie de notre raison. Quelles que soient
les circonstances dans lesquelles il se trouve,
le sage ne s'écarte que peu de l'état moyen
dans lequel il croit devoir se resserrer. Ce
n'est que chez les hommes entièrement aban-
donnés à la fougue de leurs passions, qu'on
voit ces transitions brusques, fidèles reflets de
toutes les causes extérieures qui agissent sur

eux... Un peuple qui ne serait formé que de sages, offrirait annuellement le retour le plus constant des mêmes faits. Ceci peut expliquer ce qui semblerait d'abord un paradoxe, c'est-à-dire que les phénomènes sociaux influencés par le libre arbitre de l'homme procèdent d'année en année, avec plus de régularité que les phénomènes purement influencés par des causes matérielles et fortuites.

Nous trouvons une remarque analogue dans le livre sur *L'Instinct* de M. H. Joly. « On se figure toujours, dit-il, le libre arbitre comme une forme essentiellement changeante. On croit qu'il se détruirait lui-même, s'il s'astreignait à une suite logique et continue dans ses actions. On est disposé à ne croire en lui que s'il réussit à briser à mille endroits la trame des lois régulières qui enveloppe les phénomènes sociaux. » Rien de plus faux, en fait, que cette conception : la liberté a pour idéal la raison; et cet idéal, elle a une tendance native à le réaliser de plus en plus.

Que l'on mette donc au sommet du monde, non plus l'axiome dont Taine a parlé, mais une volonté qui « se sait » pleinement et qui

d'ailleurs reste à l'abri de toute sollicitation
d'ordre inférieur; et l'ordre n'en pourra subir
aucun dommage. Bien plus, dirigé alors par
l'idée du meilleur, au lieu d'être abandonné
aux tranformations inintelligentes des causes
brutes, il y trouvera un surplus de souplesse
et de perfection.

Choses égales, d'ailleurs, il vaut mieux se
confier à un homme qui voit clair qu'à un
aveugle. C'est un point capital que Leibniz a
l'honneur d'avoir merveilleusement mis en
lumière, dans sa lutte contre la philosophie de
Spinoza.

Il est plus facile encore de voir par où l'on
peut résoudre la difficulté qui tient à la série
régressive des phénomènes.

Cette série est infinie, dit-on, cette série n'a
pas de bornes. Parler ainsi, c'est affirmer
qu'aucun phénomène ne trouve d'explication
nulle part, c'est déclarer que les choses sont
entièrement inintelligibles, qu'elles sont réellement contradictoires. Et cette conséquence
est manifestement inadmissible. Quel est donc
le moyen de l'éviter? Il n'y en a qu'un, c'est

de supposer au début un être immuable dans
sa nature; mais qui peut, de son chef, rompre
l'homogénéité de l'éternité, qui peut produire
un commencement. Par là seulement s'explique le branle universel qui constitue le drame
cosmique.

Sans doute, cette solution ne supprime pas
le mystère; et quoi d'étonnant? mais elle supprime la contradiction, elle met la raison
d'accord avec elle-même; et c'est tout ce que
l'on peut désirer.

La liberté sort donc saine et sauve de la
bataille qu'on lui livre depuis si longtemps.
A bien prendre les choses, à les pousser jusqu'au fond, elle reste d'accord avec elle-même,
également d'accord avec la science. Bien plus,
elle est seule à pouvoir fonder ses principes
ultimes. Le mécanisme ne se suffit pas; il faut,
pour l'expliquer, en dépasser la frontière. La
causalité physique n'a de sens qu'autant qu'elle
se pénètre, s'illumine et se couronne de liberté.
Hamelin l'a bien reconnu dans son livre sur les
Éléments de la représentation; et la science
ne peut que lui être reconnaissante de cette
remarque pénétrante.

Cet auteur, enlevé trop tôt à sa noble tâche, n'est pas le seul d'ailleurs qui soit entré dans cette voie. Depuis quelques années, il s'est fait contre le déterminisme une réaction très forte et dont il ne faut craindre qu'une chose, c'est qu'elle n'aille trop loin. D'après M. Boutroux, le fond de l'être, c'est la contingence; et, par suite, les lois de la nature ne sont plus que des routines. Au gré de M. Bergson, le fond de l'être enveloppe une spontanéité consciente; par suite, la liberté n'est pas, comme on le croyait jusque-là, le privilège de l'homme : elle existe à quelque degré dans toute la hiérarchie des êtres, jusque dans l'humble conscience de l'amibe.

Ces idées partent d'un bon naturel; mais il est difficile de ne pas dire qu'elles manquent un peu de mesure et de précision. Il est bon d'ajouter qu'elles ne sont que de simples hypothèses; et il nous faut quelque chose de plus : il nous faut des croyances.

SEPTIÈME CONFÉRENCE

VERS LA SAINTETÉ

Mon dessein est de vous faire voir que la liberté est un levier de la vie morale, qui par degrés insensibles peut nous grandir jusqu'à la sainteté; et je commence, comme le font les géomètres, par définir la question, c'est-à-dire par élaguer ce qui n'est pas elle.

I

« Ce que je soutiens, dit Stuart Mill, c'est qu'un être humain qui a pour ses semblables un amour désintéressé et constant, qui cherche tout ce qui tend à leur faire du bien, qui nourrit une haine vigoureuse contre tout ce qui leur fait du mal, et dont les actions sont de même nature que les sentiments, est natu-

rellement, nécessairement un objet d'amour et
de sympathie, et digne que l'humanité l'entoure de son affection et le récompense par
son admiration; tandis qu'au contraire, une
personne qui ne possède aucune de ces qualités ou qui les possède à un si faible degré,
que ses actions sont perpétuellement en oppo-
sition et en conflit avec le bien des autres et
que pour le succès de ses desseins elle est
toujours prête à leur infliger de grands maux,
cette personne est un objet naturel et légitime
de leur aversion permanente et de leur hosti-
lité; et cela, que la volonté soit libre ou
non. »

Bref, que la volonté soit libre ou non, l'idéal
du bien demeure et se traduit encore par l'es-
time. Et nous l'accordons sans peine. Mais le
point vif de la question n'est pas là. Il s'agit
de savoir si, l'idéal du bien étant connu, nous
sommes capables de produire en sa faveur un
surplus d'énergie que la série des antécédents
et des conséquents ne donne pas. Il s'agit de
savoir si nous pouvons, de notre propre chef,
concourir à l'harmonie générale de choses :
ce qui constitue toute la raison d'être de la
morale.

Retranchez le libre arbitre, et nous n'avons plus qu'un langage à tenir : « Fais ton œuvre, ô nature, puisque tu n'admets pas de collaborateurs. S'il y a dans les choses un principe de progrès vers l'harmonie, c'est à toi, et à toi seule, d'en assurer la victoire. S'il n'existe rien de pareil, je m'en console, puisque je n'y puis rien. Je suis ma vocation, celle que tu m'as tracée de ta main fatale. Je serai bon, si tes lois le veulent ainsi ; je serai mauvais, si, tout en me donnant une face humaine, tu m'as rangé dans la classe des vipères et des félins. Une vérité géométrique une fois établie, on ne peut changer ni la forme ni la suite de ses corollaires ; et l'on n'apprend pas non plus aux serpents à marcher comme moi sur les deux pieds. »

Admettez au contraire la liberté. Et nous ne sommes plus seulement les spectateurs passifs de l'idéal du bien ; nous avons de quoi réagir contre les multiples tendances qui s'opposent à sa réalisation : nous acquérons du même coup le pouvoir d'introduire dans nos actes et dans les choses un surcroît toujours plus grand de discipline.

Jusqu'où va ce pouvoir, quelle est l'étendue

de son influence purificatrice ? c'est le point
qu'il faut mettre en relief.

II

On a beaucoup parlé de l'intensité des motifs qui actionnent notre volonté. Les positivistes surtout ont insisté comme à plaisir sur
ce caractère qu'ils présentent. Mais tout n'est
pas là. Les motifs renferment un autre élément : ils enveloppent une qualité, et qui est
d'un prix absolu. Que ma connaissance du
devoir soit intense ou non, qu'elle m'émeuve
ou me laisse indifférent, du moment que je l'ai,
je sais ce qu'il vaut et que sa valeur est souveraine. Je sens que le devoir, une fois compris, ne souffre pas de préférence ; je sens que
ce serait le nier que de mettre en doute sa
suprématie. Et tel est le sentiment de tous
les hommes : chacun d'eux se rend compte
que le bien, c'est la chose essentielle. Il y a
donc dans nos motifs deux éléments radicalement distincts : l'émotion qui varie et l'idée
qui est immuable ; le plaisir qui est un infiniment petit et le devoir qui est un infiniment
grand.

Et voilà l'alternative où nous place à chaque instant le cours de la vie. Or, en face de
cette alternative, l'homme qui réfléchit n'a
qu'une réponse à faire : « Je sais ce que vaut la
loi du bien, et par là même que je dois ; je sais
que je suis dans la main de mon conseil, et
par là même que je peux. Et donc, si je défaille,
je deviens un félon dans la République des
esprits. » De là une force nouvelle en faveur
du bien, de là un principe de rédemption dont
l'influence purificatrice peut grandir toujours.

.

Sans doute, les images que l'éducation,
le milieu social et les circonstances de la vie
ont jetées dans notre âme comme autant de
germes, exercent une grande action sur notre
vie. Sans doute aussi, chacun de nous possède
cette forme indélébile dont parle Gœthe, et
par suite une orientation native de son activité
qu'il est bien difficile de modifier entièrement.
Les saints eux-mêmes n'ont pas réussi à supprimer de tous points les tendances de leur
caractère : on les aperçoit encore, comme une
sorte de pénombre, dans l'éclat de leur vertu.

Mais, malgré ces influences si diverses et parfois si profondes et si tenaces, notre destinée continue à dépendre de nous; c'est à nous de choisir notre héritage, aussi longtemps du moins que la maladie n'a pas détruit l'harmonie de notre nature : c'est à nous d'aiguiller vers le bien ou vers le mal.

Il est vrai que nous pouvons abuser de cette faculté du choix. Nous pouvons, par exemple, biaiser avec la vérité morale, sous l'influence d'une inclination plus ou moins inavouée; il ne tient qu'à nous de regarder aux ténèbres de la colonne de feu qui conduit l'humanité à travers le désert de la vie, au lieu de considérer en même temps les clartés qu'elle projette. Et cette attitude est de nature à compromettre notre avenir moral. Dès lors, en effet, les difficultés grossissent et se multiplient de plus en plus : elles finissent à la longue par occuper à peu près tout le champ de notre pensée; et il se produit une heure où nous trouvons l'objection plus forte que la thèse.

La perte des croyances morales est le dernier terme d'une série de petites défections.

Mais plus on est intimement persuadé que l'on doit faire un autre accueil aux sollicita-

tions du bien, et qu'en réalité on le peut, plus
on a d'énergie pour se prononcer en sa faveur.
Que l'on dise dès le début, lorsque la vérité
morale se lève à l'horizon de notre âme :
« Viens, mystérieuse clarté, je veux te voir de
plus près ; je veux me pénétrer de ta lumière
et m'échauffer à tes rayons. Si loin que tu
puisses me conduire, je suis prêt à marcher
sur tes pas. Faut-il te sacrifier mes intérêts
les plus chers et mes affections les plus inti-
mes, j'y consens ; faut-il te donner ma vie, la
voilà. » Que l'on fasse cette généreuse et loyale
réponse aux avances de la céleste visiteuse ;
et l'on se met sur le chemin du salut. Un premier succès en appelle un autre et qui est plus
facile ; celui-ci en appelle un autre qui est
plus facile encore. Ainsi de suite à l'infini,
en vertu même des lois de l'habitude dont
le propre est de créer de l'énergie.

La conquête des croyances morales est le
dernier terme d'une série de petites victoires.

*
* *

Prenons, pour exemple, la conversion de
saint Augustin qui avait pour devise ces

paroles si connues : « Quod isti et iste, cur non ego ? » Paroles qui traduisent à souhait l'objet de cette conférence.

Saint Augustin croit à l'hégémonie de la raison humaine; il y croit presque autant que Platon. Par suite, il veut voir et ne consent à se rendre que sur des preuves claires. Aussi sont-ils longs et pénibles, les méandres que décrit son esprit en quête de la vérité. Il adhère d'abord au manichéisme, qui flatte ses tendances intellectualistes; et pendant plus de dix ans, il reste esclave de cette doctrine, bien qu'il en sente toujours plus les radicales insuffisances.

Puis il vient à Milan : il y rencontre saint Ambroise, et tout commence à changer de face. Il ne prie pas encore; il cherche, il examine et discute : son attitude est celle d'un « sage » qui n'a confiance qu'en sa raison. Mais, en même temps, la doctrine catholique cesse de lui paraître ridicule; il éprouve un goût secret pour le nom de Jésus-Christ et se fait une notion plus juste de la dogmatique chrétienne : peu à peu l'existence de Dieu, la Providence, la vie future et le salut du genre humain par le Sauveur deviennent pour lui des certitudes. « Il approche » de plus en plus et « sans le savoir ».

Mais la méditation des Écritures ne tarde pas à prendre le dessus. Son cœur, autant que son esprit, pénètre de plus en plus le mystère de la parole divine ; il y trouve à la fois le sens de la vérité morale et celui de l'humilité. Un peu plus tard, commencent ses entretiens avec le rhéteur Victorin, qui s'est converti au catholicisme ; et le spectacle de cette âme qui a fini par se trouver tout autre qu'elle n'était d'abord, contribue encore à le retourner lui-même.

Un beau jour, l'éclair libérateur jaillit : Augustin comprend tout d'un coup ce que jusqu'alors il n'a pu comprendre. Et s'il le comprend, c'est en vertu d'une transformation progressive et libre de tout son être ; c'est que par une recherche incessante et toujours loyale de la vérité, par une série de victoires, d'abord sur la chair, puis sur l'esprit, il a fini par se faire une âme de chrétien.

III

Mais pour arriver à ce but, il faut employer un certain nombre de moyens. Philippe, père

d'Alexandre le Grand, avait dans sa maison un
officier dont la charge était de l'interrompre
et de lui rappeler son devoir. Excellent usage!
Ce moniteur exerçait un rôle plus important
que celui d'un chancelier. Il serait utile que
« chacun de nous fût stylé à se rendre à lui-
même ce même service ».

On raconte aussi qu'en montant au Capitole,
les triomphateurs romains avaient à côté d'eux
un esclave qui leur disait de temps à autre :
« Tu es homo. » La devise était bonne ; mais
j'en voudrais une autre qui me semble meil-
leure et qui est la suivante : « Tu es libre. »
Et, comme il n'y a plus d'esclaves, il faudrait
que chacun de nous la fît sienne et ne la perdît
jamais de vue. Ce serait un moyen d'interrompre le charme de la tentation : ce qui est
déjà un très grand avantage. Et même, c'est à
cette interruption que Descartes et Leibniz
limitent notre pouvoir de nous maîtriser nous-
mêmes : ce pouvoir serait indirect, comme celui
que Bellarmin prête au Pape sur le temporel
des rois. Mais de plus, on aurait par là le
moyen d'ouvrir la porte à la réflexion et de
sentir plus vivement cette faculté d'initiative
qui nous reste toujours et qui est la liberté.

Il existe une autre manière, et plus foncière celle-là, d'affermir en nous la force du libre arbitre : c'est la méditation.

On raisonne d'ordinaire « en paroles, sans avoir presque l'objet même dans l'esprit ». « C'est ainsi que les hommes pensent le plus souvent à Dieu, à la vertu, à la félicité; ils parlent, raisonnent sans idées expresses. Ce n'est pas qu'ils n'en puissent avoir..., mais ils ne se donnent pas la peine de pousser l'analyse... Ainsi, si nous préférons le pire, c'est que nous sentons le bien qu'il renferme, sans sentir ni le mal qu'il y a, ni le bien qui est dans la part contraire. » Nos paroles sont « une espèce de psittacisme » « à la mahométane », « qui ne fournit rien pour le présent à l'esprit »... « autant le vent en emporte ». « Cicéron dit bien quelque part, que si nos yeux pouvaient voir la beauté de la vertu, nous l'aimerions avec ardeur; mais cela n'arrivant point, ni rien d'équivalent, il ne faut pas s'étonner si dans le combat entre la chair et l'esprit, l'esprit succombe tant de fois. Cependant, si l'esprit usait bien de ses avantages, il triompherait hautement. » La parole de Socrate garde un fond de justesse : « Rien ne serait plus fort que la vérité, si l'on s'attachait à la bien connaître et à la faire valoir. » La méditation est notre grande libératrice. Elle fortifie notre raison, en y faisant pénétrer toujours davantage le sens du bien et des motifs qui le fondent ; et, par là même, elle discipline notre liberté, dont le propre est de devenir d'autant plus conforme au bien qu'il s'y fait plus de lumière. D'autre part, la méditation implique un exercice de la réflexion et, par suite, un accroissement de notre aptitude à penser que, quel que soit l'attrait de la nature, « nous restons maîtres chez nous, non point comme Dieu dans le monde, mais beaucoup mieux qu'un prince dans ses États ».

***

Il est également utile d'assouplir l'automate, car c'est là que réside le principal obstacle au travail de la pensée. Renoncez à vos plaisirs, renoncez à vos passions, apaisez vos instincts. Mettez-vous à l'œuvre sans retard!

et, par un travail méthodique et continu, faites descendre la discipline de la raison dans cette partie inférieure de votre être d'où viennent toutes les révoltes. Vous aurez alors les conditions voulues pour connaître les choses et vous connaître vous-mêmes; votre réflexion s'exercera dans une atmosphère de sérénité où elle trouvera tout à la fois sa justesse naturelle et sa force.

Je vous donne ici ce que je crois être l'idée directrice de l'Apologétique de Pascal. Considérez les singulières antinomies que ce génie a cru découvrir dans la raison humaine. D'un côté, il proclame, et avec une étonnante énergie, son impuissance radicale : « Ce n'est point ici le pays de la vérité; elle erre inconnue parmi les hommes; Dieu l'a couverte d'un voile »; « incompréhensible que Dieu soit, et incompréhensible qu'il ne soit pas... rien n'est purement vrai; et ainsi rien n'est vrai »; « quel monstre que l'homme?... dépositaire du vrai, cloaque d'incertitude et d'erreur »; « humiliez-vous, raison impuissante ». D'autre part, il affirme avec une égale assurance la valeur hégémonique de ce pouvoir de connaître, d'induire et de déduire : « Les prin-

cipes se sentent, les propositions se concluent,
et le tout avec certitude »; « c'est la voix
constante de votre raison, et non pas des autres, qui vous doit faire croire »; « c'est
dans la pensée que consiste toute notre excellence naturelle »; il est absurde « que l'homme
n'agisse point par la raison, qui fait son être »
Comment s'expliquent donc des affirmations
si violemment contradictoires et sur lesquelles
on n'a fait jusqu'ici que des hypothèses in-
suffisantes ? Elles s'éclairent lorsqu'on se place
au point de vue qui était celui de Pascal. Les
premières portent sur l'homme déchu : elles
concernent l'état de faiblesse et de corruption
auquel son péché l'a réduit. Les autres sont
relatives à l'homme racheté : elles montrent
comment le retour à la foi nous rend l'inté-
grité, la justesse et la force de nos facultés.
Sentez donc la profondeur de votre misère,
dit Pascal au pécheur de son temps; et quittez
vos plaisirs : Dieu pénètre dans les âmes, à
mesure que le calme des passions s'y fait. Et
plus il avance; plus il redresse et fortifie notre
nature, plus sa lumière s'irradie à travers
nos diverses énergies. Faire le silence en
soi-même, c'est retrouver Dieu; et retrouver

Dieu, c'est ramener la vigueur dans l'harmonie.

IV

Je suis heureux d'avoir développé cette idée devant vous. Je le suis d'autant plus que, dans notre siècle de profonde décadence, on croit difficilement à l'influence pratique du libre arbitre.

On dit assez souvent que tout se passe comme s'il n'existait pas. Et c'est vrai dans une certaine mesure, malheureusement : c'est vrai des gens qui s'abandonnent machinalement au cours de leurs impressions, des gens qui ne réfléchissent pas, des gens qui ont la liberté pour ne pas s'en servir. Et le nombre en est incalculable.

Cet indice de notre faiblesse, Leibniz l'a très joliment fait ressortir dans son *Discours sur les beaux sentiments* : « On voit, dit-il, des personnes graves ressembler au chat d'Ésope. Jupiter changea un chat en fille, à la prière d'un jeune homme qui aimait éperdument le chat et qui ne manqua pas d'épouser la fille. Elle était habillée magnifiquement le jour de ses

noces, et gardait le sérieux autant qu'il lui
était possible. Mais une souris parut par hasard; cet objet démonta toute sa gravité.
Habits, appareils, tout fut jeté, renversé,
foulé, pour courir après la souris. Voilà l'i-
mage des hommes qui n'ont pas assez de force
d'esprit. Le moindre divertissement les fait
négliger les plus importantes affaires. »

Vous n'êtes pas de ce nombre, Messieurs,
je m'empresse de le dire, et votre présence
ici le prouve assez éloquemment; vous êtes
de ceux qui ont l'habitude de réfléchir, de se
rendre compte de ce qu'ils font et des motifs
pour lesquels ils le font, d'évoquer par là
même cette grande idée que, quel que soit le
charme du mal, il ne tient toujours qu'à nous
de ne pas capituler. Or je suis persuadé que
vous ne me donnerez point un démenti; je suis
persuadé que vous croyez avec moi que la liberté est le vrai principe de tout progrès moral. Et c'est l'idée que l'on devrait répandre
par l'éducation. L'éducation devrait consister
surtout à diminuer le domaine ténébreux de
l'automate, pour élargir d'autant la zone lumi-
neuse de l'esprit; car, en définitive, rien n'est
bon que cela et par cela.

La liturgie sert à tout, mais ne suffit à rien. Ce n'est pas assez de faire monter la vertu par les nefs, si toutefois elle peut suivre un tel chemin; il faut la faire jaillir de l'âme elle-même et la fonder en raison. N'a-t-elle pas assez triomphé, cette littérature de négation qui, depuis plus d'un demi-siècle, s'acharne à fausser les idées chrétiennes pour venir à bout du christianisme? N'est-il pas temps de ramener le public un moment égaré, en dressant sous ses yeux le véritable idéal de notre foi, le plus solidement fondé et le plus beau qui ait brillé sur notre planète?

VIIIe CONFÉRENCE

LA RESPONSABILITÉ MORALE

Ce problème est immense autant que grave, et je regrette d'avoir si peu de temps à lui consacrer. Il faut tâcher cependant d'en faire connaître l'essentiel.

I

Il est utile d'abord de remarquer que la notion de responsabilité n'est pas aussi simple qu'on le croyait autrefois. Voici comment on en parlait généralement. Celui qui se connaît soi-même discerne le bien et le mal; celui qui discerne le bien et le mal se détermine librement; et, quand on se détermine librement, on agit de même, on est respon-

sable toutes les fois qu'on ne se heurte pas
à un empêchement physique.

L'expérience scientifique est venue démon-
trer que ce raisonnement est un peu sommaire.

1° Il se peut que l'on continue à se connaître soi-même et que pourtant l'on n'ait pas
le sens du bien et mal. Tels étaient, je crois,
Caligula et Néron; tels étaient les Troppmann
et les Lacenaire. Il se trouve d'ailleurs, dans
notre société décadente, nombre de gens qui,
soit par la corruption de leur vie, soit par
l'abus sophistique de leur pensée, sont descen-
dus jusqu'à cet état d'anomalie. La cécité
morale est un fait, et qui est tantôt congé-
nital, tantôt simplement acquis.

2° Il se peut que l'on ait la connaissance du
bien et du mal, mais que l'on ait perdu l'énergie
voulue pour choisir : c'est ce qui se présente
dans les cas d'aboulie. J'ai connu moi-même un
orientaliste qui a souffert pendant longtemps
de cette espèce de maladie mentale. Très
conscient de tout ce qu'il convenait de faire,
désireux, comme auparavant, de poursuivre
ses chères études, il ne savait plus se décider
ni à prendre sa plume, ni à tendre la main
vers ses livres favoris. Lorsqu'on l'abandonnait

à lui-même, il passait des journées entières
sur une chaise, sollicité sans relâche par une
foule de pensées dont aucune n'aboutissait à
un choix quelconque. La tristesse habitait
son cœur; et il ne gardait presque plus aucun pouvoir sur lui-même, pour combattre
les funestes inspirations. Le *je veux*, le *fiat*
libérateur ne jaillissaient plus du fond de cette
âme, cependant fortement trempée. Le trait
dominant de son mal était l'impossibilité de
vouloir.

3° La décision libre, à son tour, est loin de
former avec l'action physique un couple aussi
serré qu'on est porté à le croire, lorsque l'on
ne s'observe que du dedans.

C'est un fait que certains malades se sentent poussés, par une impulsion morbide, à
des actes criminels dont ils voient l'horreur
et que leur volonté réprouve avec énergie. « Il
n'est pas, dit H. Maudsley, de pire sujet d'in-
quiétude, pour les personnes commises à la
garde ou au traitement des aliénés, qu'un
malade poursuivi par une incessante impulsion
au suicide, souvent sans désordre appréciable
de l'intelligence. L'infortuné a pleine conscience de la nature maladive de cette obses-

sion : il se lamente, il se débat contre l'horri-
ble tentation ; et, finalement, pour peu que la
surveillance se relâche, il court au suicide,
poussé par le démon intérieur. Naturellement,
l'homme ainsi affecté est dans l'accablement
par suite de cet état même ; il ne prend plus
d'intérêt à ses occupations habituelles et ne
peut plus s'y livrer. Tout pour lui converge et
s'engouffre dans l'abîme de cette tentation qui
l'absorbe ; mais il n'a pas de délire, son intelligence est lucide, il peut raisonner de sa situation aussi bien qu'un autre ; sa conscience
du bien et du mal, en ce qui concerne l'acte
où tout le sollicite, est des plus délicates.
Malgré cela, son intelligence est parfois tellement l'esclave de l'impulsion morbide, qu'elle
est obligée de guetter l'occasion et de méditer
les moyens d'accomplir l'acte redouté. »

Les divers éléments dont nos actions res-
ponsables impliquent le jeu, ne sont pas nécessairement harmonisés : leur accord relève du
domaine de la contingence, et beaucoup plus
qu'on ne le pense d'ordinaire. Ils peuvent s'exa-
gérer, s'anémier, se fausser comme les rouages
d'une montre. Et ce fait, il était utile de le noter ;
il sert déjà, dans les tribunaux, à discerner le

degré de culpabilité de ceux qu'on traduit à la barre. »

II

Mais je ne viens pas ici pour faire de la tératologie; je prends l'homme à l'état normal, et mon intention est de mettre en lumière deux points principaux, qui sont les suivants :

1° Quel est le fondement psychologique de la responsabilité?

2° Quelles sont les conséquences pratiques de la responsabilité à l'égard de notre conduite personnelle?

La responsabilité suppose la liberté : elle en est l'irradiation dans notre être tout entier et au delà dans le monde extérieur, à travers l'infinité de l'espace et du temps.

***

Chaque fois que je reste à l'abri de toute contrainte, soit physique, soit physiologique, et que par ailleurs je demeure capable de peser la nature et les conséquences de mes

actions ; chaque fois que je suis laissé à moi-
même et que je vois clair devant moi ; chaque
fois que je suis libre, je me sens responsable,
et je ne me sens tel que dans ce cas.

C'est de la même manière que nous appré-
cions la conduite de nos semblables. Appre-
nons-nous qu'un banquier a passé des années
entières à entasser dans sa caisse les sous des
braves gens, et qu'un beau jour, une fois son
capital suffisamment arrondi, on l'a vu prendre l'Express-Orient pour se soustraire à ses
créanciers, spontanément nous disons que c'est
un lâche et nous demandons des poursuites
contre lui. Pourquoi ? Parce qu'il a librement
violé les lois les plus sacrées de la justice.
Mais que l'on nous raconte qu'en dehors de
toute prévision humaine, un train a sauté d'un
pont dans un fleuve gonflé par les pluies, ou
que quelque incendie a détruit tout un quartier
d'une ville : nous n'avons plus qu'un seul sentiment, qui est celui de la pitié. Nous jugeons de
nos semblables comme de nous-mêmes. Nous
ne les tenons pour coupables qu'autant qu'ils
sont libres ; et ces appréciations que nous for-
mulons tous les jours sont si bien fondées
sur notre nature, si fortement et si clairement

enracinées dans notre sens de l'équité naturelle, que nous regarderions comme un fou
celui qui viendrait pour tout de bon les mettre
en conteste.

L'idée de responsabilité ne parle pas seulement à notre esprit, elle s'adresse également à
notre cœur, elle retentit dans les profondeurs
de notre sensibilité morale; et son écho est
encore : liberté. Lorsque j'ai fait une belle
action, lorsque, par exemple, je me suis pro-
noncé pour le devoir contre l'intérêt, je cueille
dans mon effort la fleur d'un plaisir exquis;
j'y trouve la joie la plus pure et la plus profonde qu'un homme puisse éprouver. Or qu'est-
ce que cette joie? Le sentiment de l'ordre librement respecté. Qu'au contraire, j'aie laissé
dominer l'égoïsme sur l'amour du bien, j'é-
prouve ce déplaisir spécial qu'on appelle le
remords. Et ce sentiment a la même source
que l'autre : il relève aussi de cette faculté
suprême dont le propre est de se soustraire à
la loi de la nécessité causale.

Mais il faut insister sur ce point; car il est
contesté pour toute une grande école, celle de
Stuart Mill. D'après Stuart Mill, le remords ne
vient pas du dedans, mais du dehors : il a son

origine dans la société, dont le propre est de
punir les transgresseurs de ses lois. Le remords
n'est autre chose que l'attente d'une puni-
tion ; il se réduit à la crainte d'un châtiment.

Montrons, à la lumière des données de la
conscience, que ce phénomène de notre vie
morale suppose un autre principe et plus élevé.

D'abord, le remords subsiste en dehors de
toute appréhension des peines physiques qui
s'y joignent assez souvent. Supposez un
homme qui vient de recevoir un dépôt d'argent
pour lequel il n'y a ni titre ni témoin, et qui
se décide à se l'approprier : le cas n'est peut-
être pas tout à fait fictif. Cet homme n'a plus
rien à craindre. Et cependant, s'il sent encore
ce que c'est que le devoir, et dans la mesure
même où il le sent, il souffre en son cœur d'une
douleur qui l'honore ; il entend retentir, dans sa
conscience, une voix mystérieuse qui lui dit
sans relâche : « Tu as failli » ; et de là un
regret perpétuel, profond, qui empoisonne
toutes ses joies.

Non seulement le remords subsiste en
dehors de la crainte du châtiment, mais il nous
pousse parfois à le rechercher. On sait, en
effet, que certains criminels, ne pouvant plus

supporter la pensée de leur crime, viennent d'eux-mêmes se livrer aux mains de leurs juges, afin de retrouver, dans l'application d'une juste peine, la tranquillité qu'ils ont perdue. Ce n'est pas, sans nul doute, que le remords ne soit ordinairement accompagné de crainte; mais ce sentiment n'est pas lui. Pris en lui-même, il ne regarde pas l'avenir, mais le passé : *c'est la tristesse de l'ordre violé.*

Tout n'est pas là. Pour qu'il y ait remords, il faut que l'ordre violé l'ait été en connaissance de cause et sans contrainte.

On sait la mort tragique du baron de Chantal. M. de Chantal et M. d'Anlezy « partirent de grand matin, accompagnés de quelques domestiques. Le lieu de chasse était peu éloigné. Il suffisait, en sortant du château par le pont-levis, de gravir pendant quelques minutes la pente un peu rapide d'une petite colline; après quoi, l'on entrait dans de grands bois, coupés par de vastes avenues à moitié remplies de broussailles en bien des endroits et au milieu desquelles le gibier venait jouer au lever du soleil. Les deux amis, ayant gagné une de ces avenues et laissé un peu derrière les domestiques, commencèrent à s'avancer lentement, en suivant les bords opposés d'une clairière. Ils portaient leurs arquebuses bandées et amorcées et le chien abattu. Soudain, un coup de feu part, et un cri retentit; M. de Chantal tombe par terre, baigné dans son sang.

« On n'a jamais su exactement de quelle manière cet accident avait eu lieu. Une branche aurait-elle accroché l'arquebuse de M. d'Anlezy et fait éclater son arme dans sa main? M. de Chantal portant ce jour-là une casaque couleur de biche, son ami l'aurait-il couché en joue par méprise? Discussions inutiles, le coup était mortel; la cuisse avait été brisée, et plusieurs balles s'étaient logées dans les hanches.

« Je suis mort! s'écria M. de Chantal en tombant; mon ami, mon cousin, je te pardonne de tout mon cœur; tu as fait ce mauvais coup par imprudence. »

« Mais le malheureux n'entendait rien, il était fou de douleur; il allait de côté et d'autre, poussant des cris, demandant la mort, cherchant à se frapper de ses armes. »

Le regret du meurtrier était infini; mais il n'éprouvait aucun remords. Pourquoi? C'est que ce sentiment suppose la connaissance de ce que l'on fait et l'absence de toute contrainte. *Le remords est la tristesse de l'ordre librement violé.* Il ne vient ni du dehors ni d'en bas; il jaillit tout droit de la raison et n'est qu'une réplique à l'offense qu'elle a subie.

Voilà, me semble-t-il, ce qu'il faut croire de l'idée de responsabilité aussi longtemps qu'on se borne à l'individu. Elle n'est alors qu'une conséquence du libre arbitre : « Tu veux, tu dois, tu réponds » : telle est son éternelle devise.

*
**

Mais en est-il de même de la responsabilité sociale, c'est-à-dire du droit que s'accorde la société de nous punir? Ce droit trouve-t-il aussi son fondement dans le libre arbitre?

Naturellement, tous les déterministes ont répondu par la négative, depuis Spinoza jusqu'à nous, en passant par Hegel et Stuart Mill. Et voici l'explication qu'ils apportent à l'appui de leur sentiment.

La société a des lois qui sont la condition de son existence. De là un ordre public, d'où dépendent à la fois et le progrès général et la sécurité personnelle. Or cet ordre s'impose, de quelque manière qu'on entende la volonté humaine : il vaut par lui-même. Par conséquent, se trouve-t-il dans la société des individus dont la conduite devient un danger pour l'intérêt public, elle a le droit de les réprimer et même, s'il le faut, de les supprimer; car rien de plus légitime, rien de plus incontestable que ce principe : le bien de l'ensemble l'emporte sur celui de l'individu.

Eh bien non. Ce raisonnement se fonde uniquement sur une confusion entre l'idée de nécessité physique et celle de nécessité morale.

Le droit suppose la possibilité du respect. A son tour, la possibilité du respect suppose la liberté. On ne s'élève pas contre un torrent qui va vous engloutir en disant : « Halte-là, j'ai le droit de vivre. » On ne tient pas non plus ce langage devant un animal féroce qui s'élance de la brousse pour vous dévorer. Il n'a de sens qu'à l'égard des personnes, il n'a de sens qu'à l'égard des êtres libres.

Par suite, supposez que la nécessité soit universelle, il n'y a plus de droit nulle part; il n'y en a pas plus dans la société que dans l'individu lui-même. Supposez que la nécessité soit universelle, il ne reste plus et partout que des systèmes de forces dont le plus grand peut toujours écraser le plus petit avec la même légitimité. La société, dans cette hypothèse, n'a pas à se demander si elle a le droit de réprimer les criminels et de les supprimer au besoin; car il n'existe plus rien de pareil. La société, dans cette hypothèse, est un groupe de fauves qui se défendent contre d'autres fauves de la même espèce, et rien de plus.

Morale, droit, devoir, responsabilité : autant de termes que les déterministes ne peuvent employer que par abus; car c'est de la liberté qu'ils tiennent tout leur sens.

Voici comment s'exprime Spinoza, dans une lettre à Oldenbourg : « Celui à qui la morsure d'un chien donne la rage, est excusable; et cependant on a le droit de l'étouffer. De même, l'homme qui ne peut pas gouverner ses passions ni les contenir par la crainte des lois, quoique excusable à cause de l'infirmité de sa nature, ne peut cependant jouir de la paix de l'âme ni de la connaissance de l'amour de Dieu; il est nécessaire qu'il périsse. » — Peut-être; mais sa disparition n'est l'effet d'aucun droit : elle

n'est ni conforme ni contraire à la justice, elle
est simplement amorale.

III

Il me reste à dire quelques mots sur les
conséquences pratiques de la responsabilité
à l'égard de notre conduite personnelle. Le
sujet est considérable ; je me contenterai d'en
noter quelques points particulièrement actuels.

1° Il faut préserver en soi-même les sources
de la vie. « Sait-on à quel âge se contracte la
syphilis. M. le Dr Ed. Fournier vient de faire
à ce sujet une statistique très intéressante,
pour laquelle il a utilisé les archives très bien
tenues du cabinet de consultation de son père.
Sur 10.000 cas de syphilis observés dans la
clientèle masculine de la ville, 7.000 soit 70 %
étaient des fruits de jeunesse, et 800 avaient
été contractés avant vingt ans. Dans la clientèle féminine, c'est bien pis : 20 % des
femmes contaminées le sont avant dix-neuf
ans. La contagion est encore plus précoce
dans la clientèle d'hôpital, où elle atteint le
chiffre de 40 % avant dix-neuf ans. »

Voilà des faits. La contagion existe et se multiplie avec une effrayante rapidité. Elle passe à l'avenir comme le flambeau de la vie; et partout où elle se propage, elle répand la souffrance et la mort. Pourrait-on, si l'on évoquait sérieusement un tel spectacle, pourrait-on céder si facilement à l'indulgente maxime d'Aristippe : « Carpe diem » ?

2° Il faut donner à vos enfants une éducation profondément chrétienne. Vous êtes libres de les faire élever comme vous le jugerez bon; mais la nécessité s'impose de ne pas laisser entamer leur foi religieuse et même d'obtenir, par une instruction méthodique et forte, qu'elle aille s'affirmant toujours plus en s'éclairant. On ne change pas facilement de credo; et lorsqu'on n'a plus celui du Christ, on risque fort de n'en avoir jamais d'autre. La bête alors est définitivement déchaînée.

J'étais à Constantinople il y a quelques années déjà. J'eus, dans cette ville, l'occasion de rencontrer quelques-uns de ces jeunes turcs qui viennent dans nos capitales se mettre au courant de notre civilisation. Leur conscience ne gardait plus aucun principe de conduite; elle

était littéralement vide. Et j'ose dire que, malgré leur parfaite urbanité, ils me causaient un
certain sentiment de terreur. Cette perversion
décisive, Abdul Hamid la comprenait très bien ;
et c'est la raison pour laquelle il fermait si
rigoureusement les frontières de son pays aux
productions de notre littérature. L'empire otto-
man, se disait-il, sera musulman ou ne sera pas.

3° Il ne faut jamais agir socialement de
manière à donner aux ennemis de Dieu une
prédominance qui est déjà trop grande. Car il
faut vivre ; pour vivre, il faut une morale, et
il n'y en a pas d'autre que celle qui se fonde sur
le souverain Justicier : le fait est plus clair que
jamais. Voilà soixante-dix ans qu'on s'évertue
à construire des morales purement positivistes.
Qu'est-il sorti de tant d'efforts ? une pluie de
négations, mais aucune doctrine qui puisse
tenir debout.

*
* *

A l'heure actuelle, tous les principes sont par
terre ; et si bien qu'il n'est aucune idée si étrange
qui ne puisse prendre dans les esprits, amorcer
le public et mener à la gloire. Le doute est

universel et radical. Nous avons fait ban-
queroute à la raison, et de là un énervement
des volontés, un abaissement des caractères
que l'on constate depuis quelques années
déjà et qui ne fait que grandir sous nos yeux.
Pourquoi un effort dans ce sens plutôt que
dans l'autre, puisqu'il est entendu que ceci ne
vaut pas plus que cela?

Que reste-t-il donc? Le prurit du succès
personnel, ou si l'on veut le terme ordinaire,
l'arrivisme. Ainsi s'expliquent les compromis
odieux, les transactions malsaines, les retrai-
tes inattendues et perfides qui se manifestent
dans le monde politique, et même dans celui
de la science.

Le bien général n'est plus qu'un mot et le
mérite personnel ne compte pas; bien plus, il
est écarté parce qu'il est gênant. On ne trouve
que des coteries où foisonnent les quéman-
deurs de places et les maquignons d'idées. -

Il est temps de s'opposer à cette profonde décadence. Sauvons en nous-mêmes le
sentiment de la responsabilité morale. « Fais
ce que dois, advienne que pourra », disaient
les anciens français. Cette devise, il faut la
faire nôtre, il faut la faire pénétrer de notre

esprit dans notre cœur et jusque dans la moelle
de nos os. Car, à guérir tant de maux, un
changement politique ne suffit pas ; nous avons
besoin d'une restauration morale.

NEUVIÈME CONFÉRENCE

LA VIE FUTURE

L'homme a trois fonctions supérieures : la pensée; l'amour que suscitent en nous les perspectives de la pensée; et ce mode particulier de vouloir et d'agir que nous inspire la connaissance de la loi morale.

A chacune de ces fonctions correspond un objet que la nature ne contient pas, qui ne peut se trouver que dans la région des choses éternelles. N'y a-t-il pas là trois indices que nous ne mourons pas tout entiers, que le meilleur de nous-mêmes demeure encore lorsque nous disparaissons de la planète? C'est la question que je voudrais examiner.

I

Nos sens, il est vrai, ne découvrent que du contingent dans la nature. A ne regarder les choses que de leur point de vue, on n'y trouve rien d'absolument stable : rien ne naît que pour mourir; tout ce qui est uni peut se séparer, et tout ce qui est séparé peut s'unir. C'est ce qu'ont fort bien remarqué les empiristes; c'est sur cette universelle caducité que se fonde tout leur système : et leurs raisonnements demeurent inattaquables, aussi longtemps que, pour leur répondre, on s'en tient aux données de l'expérience sensible.

Mais la sensibilité n'épuise pas la réalité. Au dedans et au dehors de nos sensations, s'ouvre une région nouvelle, une région immense que l'intelligence est seule à même d'explorer. Qui n'a jamais vu cela n'a rien compris à la psychologie humaine; qui n'a jamais vu cela n'a encore expliqué que l'animal.

Or ce qui domine dans cet autre monde, ce qui en lie les éléments, ce qui en constitue le fond, ce n'est plus la contingence, mais une infrangible nécessité.

Il y a des idées où l'on constate une insuffisance interne et radicale, qui ne peuvent être que d'autres choses ne soient par là même : il y a des idées qui s'appellent mutuellement en

vertu d'une exigence essentielle. Supposons
par exemple l'intersection de trois lignes; il
faut du même coup qu'elles enveloppent un
certain espace, qu'elles forment trois angles
et que ces trois angles soient égaux à deux
droits, etc... Ainsi d'une multitude d'autres
vérités mathématiques, métaphysiques ou morales. Notre esprit ne fait pas une démarche en
dehors des données de l'expérience, qui ne suppose une connexion de droit, un enchaîne-
ment essentiel, un lien de nécessité.

Outre cette nécessité qui rattache nos idées
les unes aux autres, il en est une autre qui leur
est interne. Tout ce qui pour mon esprit est plus
qu'une simple fiction, tout ce que je conçois
réellement est éternellement concevable, et
serait tel quand même il n'y aurait plus nulle
part aucune intelligence pour y penser. De
même, tout ce qui se réalise une fois, ne serait-
ce que la plus fragile des fleurs ou le plus sub-
til des parfums, a pu se réaliser dans le passé
et pourra se réaliser dans l'avenir, si les conditions extérieures s'y prêtent : tout ce qui se réalise une fois peut se réaliser à l'infini dans tous
les temps et tous les lieux. Au fond de chaque
fait, il y a une idée; et au fond de chaque

idée, une aptitude inaliénable à l'existence, une supposabilité qui ne supprime pas.

Bref, dès que l'intelligence intervient, elle nous jette d'emblée en face du possible. Or le possible, et précisément parce qu'il ne peut pas cesser d'être tel ; c'est déjà du nécessaire.

Notre âme est donc essentiellement irréductible à celle des animaux. La pensée humaine ne s'enferme pas, comme la conscience des bêtes, dans une portion déterminée de l'espace et du temps; elle franchit toutes les limites et se meut dans l'absolu. De quelque manière qu'elle s'exerce, de quelque côté qu'elle se tourne, elle a toujours de l'éternel en perspective.

Or il y a, me semble-t-il, dans ce trait spécifique quelque chose de profondément significatif. En face de l'éternité, le temps ne compte pas. Si longue qu'ait été notre vie, tout nous a encore manqué quand nous venons à mourir, si nous mourons tout entiers. Entre notre idéal et nous-mêmes, la disproportion demeure radicale, aussi complète qu'entre un zéro et l'infini.

Quel est donc le moyen de réaliser ici l'adaptation naturelle qui doit exister entre la fonction et son objet? quel est le moyen d'introduire l'harmonie? C'est de supposer que nous irons toujours d'ascension en ascension dans le spectacle une fois aperçu ; c'est de supposer que notre existence doit se prolonger à l'indéfini.

Comme l'a bien vu Kant, et Leibniz avant lui, il est naturel que l'être qui est assez grand pour concevoir l'immortalité soit assez grand pour en jouir.

⁂

La pensée humaine postule une autre vie. On en peut dire autant, et à plus forte raison, de cette forme spéciale que l'amour revêt en nous-mêmes.

L'un de nos sentiments les plus profonds, c'est celui de l'insuffisance de la vie présente : il apparaît dans toutes les grandes conceptions de l'univers qui dominent l'humanité ; et l'on peut dire qu'il est tout à la fois le principe qui les a inspirées et la cause interne de leur prodigieux succès.

A l'heure actuelle, il y a sur le globe, 429.710.000 chrétiens ; 422.900.000 bouddhistes, ou bouddhisants ; 163 millions de brahmanistes ; 228.500.000 païens et inconnus,

200 millions de musulmans, et 6.990.000 israé-
lites; en tout, 1.442 millions d'hommes. Il
existe donc quatre grandes religions : le christianisme, le bouddhisme, l'islamisme et le
brahmanisme, qui comprennent les douze qua-
torzièmes de la population de notre planète,
et en dehors desquelles on compte surtout des
êtres dégradés, des déshérités de la famille
humaine.

Or, que signifient, avant tout, ces grandes
conceptions religieuses? elles disent à l'unisson, et avec quelle éloquence dramatique : va-
nité des vanités; la terre ne nous suffit pas, il
faut quelque autre chose. Tel est le cri mêlé
d'angoisse et d'espérance qui s'est toujours
échappé jusqu'à nous des profondeurs de l'âme
humaine.

Non, a-t-on dit de nos jours : il n'y a là que
des rêves d'enfants, il n'y a là que des fictions
d'une humanité qui n'avait pas encore pris complètement conscience d'elle-même. Dieu n'a
qu'un nom, c'est l'introuvable. Existe-t-il ?et s'il
existe, quelle est sa nature, que veut-il de nous ?
Autant de questions qu'il faudrait résoudre
pour s'orienter vers l'au-delà, et qui demeure-

ront à jamais insolubles. Garde donc le fond
de ton temple, ô Éternel,

> Garde ta grandeur solitaire,
> Ferme à jamais l'immensité.

Ce monde nous suffit. Il n'est encore qu'un
enfer, il est vrai ; la souffrance le presse
« dans sa serre cruelle ». Mais ce supplice ne
durera pas à l'infini. L'homme est armé de
science et d'amour, et ces armes triomphent de
tout. Il a de quoi s'adapter à son milieu, il
peut par son labeur y faire éclore l'harmonie ;
et c'est là tout ce dont il a besoin.

Conquérir notre place sur la planète que
nous habitons, l'assujétir de plus en plus à
nos propres besoins, réduire toujours davantage le champ de la souffrance et ouvrir de
nouvelles sources de joies, faire, en un mot,
que la vie soit sans cesse plus pleine et plus
harmonieuse : voilà l'unique affaire.

Telle est la théorie qui s'est élevée de notre
temps, en face des croyances métaphysiques et
religieuses toujours plus faibles ; et son succès
a été considérable. Forte du prestige de la
science qui fait des miracles à notre époque et
sur laquelle on prétendait l'appuyer, elle a

séduit jusqu'aux plus nobles esprits. A un moment donné, on a véritablement cru que le chemin du bonheur était découvert. Le progrès par la science et l'amour, le dévouement désintéressé de l'homme à l'homme, l'immortalité du bien que chacun fait au tout : quel vaste et noble idéal, disait-on de toutes parts ! N'est-ce pas là le commencement de la rédemption si longtemps cherchée ?

Mais cette ivresse des premiers jours n'a pas duré longtemps. Au bout de quelques années, l'insuffisance du système qui avait provoqué tant d'enthousiasme, s'est révélée à tous les regards. Et de là est sorti le plus amer, le plus profond, le plus irrémédiable des pessimismes qui ait jamais tourmenté le cœur de l'homme.

Tout travail est vain, tout plaisir est fade, toute connaissance est illusoire, toute affection est mensongère. La vie ne vaut pas la peine de vivre ; la vie est le pire des maux : telle est la conclusion par où ont fini les dithyrambes de l'évangile positiviste. Et Schopenhauer est venu ajouter que le mal ne peut qu'augmenter avec le progrès ; car, à son gré, la douleur croît en raison directe de la conscience elle-même.

Mais, si c'est là tout le prix de l'existence, pourquoi la respecter, pourquoi la soutenir, pourquoi la propager? « To be or not to be », disait Hamlet; le second terme de l'alternative est seul raisonnable. Détruire la machine cosmique : telle est la vraie solution du problème, comme le veut E. von Hartmann lui-même. D'après lui, en effet le progrès ne doit avoir qu'un but, qui est de rendre l'homme assez puissant pour faire sauter la planète en éclats. C'est alors seulement que le grand crucifié sera descendu de sa croix.

En face du problème de la vie future, il n'y a pour l'homme que deux attitudes possibles : la foi et le désespoir. Dès qu'il s'est enfermé dans la nature, il sent que tout manque à ses aspirations les plus nobles et les plus irrésistibles. Il le sent d'autant plus qu'il se connaît mieux lui-même; il le sent toujours davantage à mesure qu'il devient plus homme. Une tristesse inexorable se glisse jusqu'au fond de son être, le pénètre comme le venin d'une autre robe de Nessus et finit par lui rendre la vie intolérable.

*
* *

Le même état d'âme se révèle sous un
autre aspect, lorsqu'on regarde au rapport de
notre vouloir avec la loi morale.

« Tu dois. » Mais pourquoi? Si nous mourons tout entiers, le bien n'est plus qu'une
duperie, et parce qu'il est injuste; il ne
garde donc aucune valeur morale.

Si tout se termine à la « dernière pelletée
de terre », le juste est frustré et d'une manière irrémédiable.

Sans doute, sa conduite est un principe de
santé; mais elle ne suffit à le défendre ni contre la brutalité des lois du monde physique,
ni contre les conséquences de l'hérédité, ni
contre ces coups inattendus de la fortune qui
nous atteignent si cruellement, soit en nous-
mêmes, soit dans les nôtres. Le malheur s'abat
sur la tête du juste, aussi bien que sur celle
du méchant; sa vertu ne lui confère aucune
inviolabilité à l'égard des conditions extérieures de la vie.

D'autre part, la société n'est guère plus fa-
vorable à son sort. Le coquin, surtout quand

il est habile, a autant de chances de succès
que l'homme vertueux; il en a même plus, à
cause du peu de scrupule qu'il apporte au
choix de ses moyens. « L'injuste peut entrer
dans tous les desseins, trouver tous les expé-
dients, ménager tous les intérêts. A quel
usage peut-on mettre cet homme si droit qui
ne parle que de son devoir? Il n'y a rien de si
sec, ni de moins souple, ni de moins flexi-
ble. » Trompons-le, se disent les autres hommes, trompons le juste; « il n'est pas propre à notre commerce, il est trop attaché à
son chemin pour entrer dans nos négoces ».
« Ainsi, étant inutile, on se résout facilement
à le mépriser, ensuite à le laisser périr sans
en faire bruit, et même à le sacrifier à l'intérêt du plus fort, et aux pressantes sollicitations
de cet homme de grand secours qui ne ménage
rien, ni le saint, ni le profane, pour nous servir ».

Le Christ abreuvé d'ironie et cloué sur un
gibet; Socrate condamné à boire la ciguë;
Jeanne d'Arc « jalousée par le roi, calomniée
par les nobles, brûlée par les prêtres » :
symptômes éloquents de la destinée que le
monde fait à l'homme de bien! Ces actes d'in-

croyable iniquité sont plus que des faits; ils symbolisent une loi : généralement, le juste souffre de sa justice, et d'autant plus qu'il en élève plus haut l'inflexible dignité.

Par contre, si tout se termine par « la dernière pelletée de terre », c'est le méchant qui triomphe. Il quitte la vie après avoir bénéficié de ses méfaits, et la chose n'a pas d'autre conséquence : il retourne au néant, c'est tout. Et quel principe de désordre que cette impunité finale! Dans ce cas, le crime ne peut que devenir de plus en plus audacieux, se multiplier, s'organiser, s'emparer de tout jusqu'à ce que tout périsse dans l'anarchie.

C'est ce que Platon a merveilleusement compris, malgré son sentiment apollinien de la nature. L'essence de l'âme n'est pas la seule raison pour laquelle il croit à la vie future; il y voit la clef de voûte de tout édifice social. A son gré, la police du monde est impossible, s'il n'existe pas un Tartare.

II

Cette désharmonie profonde doit-elle durer toujours? Les fonctions supérieures de l'homme, celles qui constituent son essence et sa dignité, ne trouveront-elles jamais leur objet connaturel?

La chose est concevable, si la nature n'a pas d'autre loi que celle de la causalité. Il se peut, dans ce cas, que l'homme soit éclos par hasard sur cette « île d'herbes flottante ». Il se peut que, suffisamment adapté à son milieu du côté de ses fonctions physiques, il ne le soit pas du côté de ses fonctions rationnelles. Il se peut, par conséquent, que nos aspirations vers une autre vie portent indéfiniment sur le vide.

Un philosophe de notre temps, me disait un jour à propos de cette question : Pourquoi l'homme ne serait-il pas un « être raté »? La chose est possible, si la nature ne tient qu'au jeu brutal des causes efficientes. Car alors, le monde n'est qu'un immense mécanisme qui produit l'ordre et le désordre avec une égale indifférence et d'où peuvent sortir toutes les monstruosités.

Mais la causalité n'est qu'un aspect des phénomènes naturels. Pour en rendre compte, il faut quelque autre chose.

On peut remarquer d'abord que chaque
fonction vitale est appropriée à son milieu.
Partout où l'on trouve des animaux pourvus
d'yeux, il y a des ondulations lumineuses;
partout où l'on trouve des animaux pourvus
d'ouïe, il y a des vibrations sonores. L'odo-
rat appelle les odeurs; et il n'en manque
jamais où ce sens s'épanouit. L'organe génésique du mâle a toujours pour corrélatif l'organe génésique de la femelle; et réciproque-
ment. « Rien de vain » dans l'accommodation
des êtres vivants aux conditions ambiantes;
rien qui s'y déploie entièrement et définitivement dans le vide.

Bien plus, on constate une sorte de pro-
portion constante entre chaque fonction et son
milieu. Ces deux choses se développent de
front; et, comme on l'a observé, c'est la seconde surtout qui provoque les variations de
la première.

Les martinets ont le regard assez perçant
et assez sûr pour happer au passage, dans
leurs chasses tournoyantes, les insectes qui
peuplent l'air et que nous n'apercevons même
pas. Au contraire, les animaux qui, comme le
Proteus, vivent dans une obscurité profonde

et perpétuelle, ont des yeux rudimentaires qui ressemblent à des poings et ne sont que des prolongements du tact. Quelques-uns d'entre eux sont mieux pourvus, il est vrai : tels certains poissons qui habitent au fond des mers; mais c'est qu'ils produisent naturellement une sorte d'éclairage électrique, qui leur permet de se mouvoir comme des comètes vivantes, à travers leurs sombres demeures, et rend à la perfection relative de leur vue sa véritable raison d'être.

Non seulement la finalité qui se révèle entre les fonctions de la vie et leurs objets respectifs, est un fait constant, qui prend une précision et une extension toujours croissantes; mais c'est pour les savants une idée directrice et qui ne trompe pas : elle est le ressort fondamental de toute recherche biologique.

Un phénomène quelconque une fois donné, la question n'est plus de savoir s'il a une cause, mais quelle elle peut être. De même, une fonction organique une fois constatée, la question n'est plus de savoir *si elle a son but;* mais *quelle en est la nature.* Harwey, observant les valvules des veines, se demanda quelle pouvait être l'utilité de la disposition de ces organes; il supposa ensuite que la fonction de ces valvules était d'empêcher le reflux du sang ; et la loi de la circulation du sang était découverte. Claude Bernard, dans ses études sur le foie, se posa d'abord la question de savoir à quoi devait servir cet organe énorme ; et il finit par trouver qu'il s'en dégage un suc spécial dont le propre est de modifier les matières grasses, « qui est l'agent principal de leur digestion ».

A la causalité et comme directrice de son travail, il faut joindre la loi de finalité, d'après laquelle toute fonction doit avoir son corrélatif dans la réalité des choses.

Dès lors, le problème de la vie future revêt un aspect bien différent. Comment veut-on que cette loi de coordination qui fait le fond de tout être vivant, s'arrête tout d'un coup en face des formes supérieures de la vie? Comment veut-on qu'elle ne pénètre pas aussi dans le domaine où sa prédominance est le plus nécessaire et le plus importante? N'est-il pas naturel de penser qu'elle a sa manière de faire l'ordre en haut, comme elle le fait en bas?

De ce chef, la croyance à la vie future acquiert déjà un degré très haut de probabilité.

Elle devient infiniment mieux fondée, si l'on

part de l'idée d'un Dieu dont le trait distinctif est le libre amour du bien, qui sait pleinement ce qu'il fait et qui n'agit qu'en vue du meilleur.

Il est certain dès lors que l'ordre doit finir par l'emporter sur le désordre et que les inachèvements essentiels disparaîtront; il est certain surtout que la justice ne peut pas avoir indéfiniment le dessous. Par là même, il devient clair que la vie présente n'est que le prélude d'une autre existence, à la fois plus pleine et plus harmonieuse.

**

Voilà ce qu'on peut dire, à la lumière de la raison. Et si quelqu'un désire plus d'exactitude et de clarté, qu'il ouvre son Évangile, où l'on trouve des paroles comme celles-ci : « Bienheureux ceux qui ont le cœur pur, parce qu'ils verront Dieu »; « Bienheureux ceux qui souffrent pour la justice, parce que le Royaume du ciel leur appartient. »

La révélation efface les dernières ombres que la raison a laissées sur ses traces.

« Je vis, dans la main droite de celui qui

était assis sur le trône un livre écrit dedans
et dehors et scellé de sept sceaux. Je vis également un Ange de grandeur surhumaine qui
disait à haute voix : Qui est digne d'ouvrir ce
livre et d'enlever ces sceaux ? Mais personne,
ni dans le ciel, ni sur la terre ni au-dessous,
n'était capable d'ouvrir le livre ni même de le
regarder. Et je fondais en larmes, à la vue de
cette universelle impuissance. Alors un des
vieillards me dit : Ne pleurez point. Il a vaincu,
le lion de la tribu de Juda, le rejeton de David;
il vient ouvrir le livre et enlever ces sceaux...
[l'Agneau] parut alors, il prit le livre de la main
droite de celui qui était assis sur le trône, et
l'ouvrit... A ce moment, se fit entendre un an-
tique nouveau... Toutes les créatures qui sont
dans le ciel, sur la terre, et dans le vaste océan,
disaient d'une voix unanime : A celui qui est
sur le trône, et à l'Agneau, bénédiction, honneur, gloire et puissance dans les siècles des
siècles. »

De la révélation jaillissent enfin la plénitude
de la vérité et la vie. La raison soupçonne, la
raison devine, la raison démontre dans une certaine mesure. Mais il y demeure toujours quelque chose de vague, de froid, de stérile et d'in-

complet. Dieu, par la révélation, l'explicite et
la traduit à elle-même; il y met, en même
temps, cette foi victorieuse qui est faite
d'amour autant que de clarté et qui transporte
les montagnes. « *Ego sum veritas et vita.* »

INDEX DES RÉFÉRENCES

(CHACUNE D'ELLES EST RAPPORTÉE A LA PAGE QU'ELLE CONCERNE)

———

P. 3. *Revue phil.*, janv. 1877.

P. 13. *La philos. de Hamilton*, 250-251, F. Alcan, 1869, Paris.

P. 16. A. FOUILLÉE, *L'Évolutionnisme des idées-forces*, p. 179, F. Alcan, Paris, 1890.

P. 23. ROBERT MAC-NISH, *Philosophy of sleep*, Glascow, 1890.

P. 28. V. ces faits dans mon livre sur *La personne humaine*, p. 71-82, F. Alcan, Paris, 1913 (couronné par l'Académie des sciences morales et politiques).

P. 30. *Fantams of the living*, London, 1888, traduit sous ce titre : *Hallucinations télépathiques*, Alcan, Paris, 1892.

P. 32-39. A. BINET, *Les altérations de la personnalité*, p. 90, 91, 92, 104, 106, 109, 113, F. Alcan, Paris, 1892.

P. 41. P. JANET, *L'Automatisme Psych.*, p. 237 et sqq., F. Alcan, Paris, 1889.

P. 72-73. BOSSUET, *Traité de la connaissance de Dieu et de soi-même*, éd. I, Simon, Paris, p. 212-213.

P. 76-77. LEIBNIZ, *Théod.*, 592ᵇ-593ᵃ, éd. Erd., 1840, Berlin.

129-130, éd. Le Barq, Desclée, Paris, 1892. Cf. Ibid., *Sermon sur la Justice*, t. V, p. 173-174; Ibid., *Sur l'honneur du monde*, t. III, p. 346-347.

P. 156-157. *Sur le pancréas*, supplément aux *Comptes rendus de l'Acad. des Sc.*, 1898. — *Leçons sur les phénomènes de la vie*, t. II, p. 318-314, Baillière, Paris, 1870.

P. 159. *Apoc.*, v, 1-13.

Typographie Firmin-Didot et Cⁱᵉ. — Mesnil (Eure).

LES GRANDS PHILOSOPHES

Collection dirigée par CLODIUS PIAT

Publiée à la Librairie Félix Alcan

Volume in-8° de 300 à 400 pages environ, chaque vol. 5 fr. à 7 fr. 50

Ont paru :

SOCRATE, par Clodius Piat, Agrégé de Philosophie, Docteur ès Lettres, Professeur a l'Institut catholique de Paris. (*Traduit en allemand.*) 1 vol. in-8°, 5 fr. *Deuxième édition.*

PLATON, par le même. (*Couronné par l'Académie française. Prix Bordin.*) 1 vol. in-8°, 7 fr. 50.

ARISTOTE, par le même. (*Traduit en allemand et en italien.*) 1 vol. in-8°, 5 fr. *Deuxième édition.*

ÉPICURE, par E. Joyau, Professeur de Philosophie à l'Université de Clermont. 1 vol. in-8°, 5 fr.

CHRYSIPPE, par Émile Bréhier, Professeur à l'Université de Bordeaux. (*Couronné par l'Académie des sciences morales et politiques.*) 1 vol in-8°, 5 fr.

PHILON, par l'abbé J. Martin. 1 vol. in-8°, 5 fr.

SAINT AUGUSTIN, par le même. 1 vol in-8°, 7 fr. 50. *Deuxième édition.*

SAINT ANSELME, par le comte Domet des Vorges. 1 vol. in-8°, 5 fr.

AVICENNE, par le baron Carra de Vaux, Membre du Conseil de la Société Asiatique. 1 vol. in-8°, 5 fr.

GAZALI, par le même. (*Couronné par l'Institut.*) 1 vol. in-8°, 5 fr.

MAIMONIDE, par Louis-Germain Lévy, Docteur ès Lettres, Rabbin de l'Union libérale israélite. 1 vol. in-8°, 5 fr.

SAINT THOMAS D'AQUIN, par A.-D. Sertillanges, Professeur à l'Institut catholique de Paris. (*Couronné par l'Académie des sciences morales et politiques, Prix Le Dissez.*) 2 vol. in-8°, 12 fr. *Deuxième édition.*

MONTAIGNE, par F. Strowski, Professeur à l'Université de Paris. 1 vol. in-8°, 6 fr.

PASCAL, par Ad. Hatzfeld. 1 vol. in-8°, 5 fr.

MALEBRANCHE, par Henri Joly, Membre de l'Institut. 1 vol. in-8°, 5 fr.

SPINOZA, par Paul-Louis Couchoud, Agrégé de Philosophie, ancien élève de l'École normale supérieure. (*Couronné par l'Institut.*) 1 vol. in-8°, 5 fr.

KANT, par Th. Ruyssen, Professeur à l'Université de Bordeaux. *Deuxième édition.* (*Couronné par l'Institut.*) 1 vol. in-8°, 7 fr. 50.

SCHOPENHAUER, par le même. 1 vol. in-8°, 7 fr. 50.

MAINE DE BIRAN, par Marius Couailhac, Docteur ès Lettres. (*Couronné par l'Institut.*) 1 vol. in-8°, 7 fr. 50.

ROSMINI, par Fr. Palhoriès, Docteur ès Lettres. 1 vol. in-8°, 7 fr. 50.

SCHELLING, par Émile Bréhier, Professeur à l'Université de Bordeaux. 1 vol. in-8°, 6 fr.

MONTESQUIEU, par Joseph Dedieu, Docteur ès Lettres, Professeur à la Faculté libre des Lettres de Toulouse. 1 vol. in-8°, 7 fr. 50.

DESCARTES, par Denys Cochin, de l'Académie Française. 1 vol. in-8°, 5 fr.

TYPOGRAPHIE FIRMIN-DIDOT ET Cie. — PARIS.

www.ingramcontent.com/pod-product-compliance
Lightning Source LLC
Chambersburg PA
CBHW072103080426
42733CB00010B/2193